大科学家的小故事

竺可桢

张 敏 编

苏州大学出版社
Soochow University Press

图书在版编目(CIP)数据

竺可桢/张敏编. —苏州：苏州大学出版社，2015.2
(大科学家的小故事/王建成，吴文智主编)
ISBN 978-7-5672-1237-4

Ⅰ.①竺… Ⅱ.①张… Ⅲ.①竺可桢(1890～1974)—生平事迹—青少年读物 Ⅳ.①K826.14—49

中国版本图书馆 CIP 数据核字(2015)第 034521 号

竺可桢

大科学家的小故事

编　　者　张　敏
丛书策划　李寿春
责任编辑　张　希
装帧设计　刘　俊
出版发行　苏州大学出版社
地　　址　苏州市十梓街 1 号
邮　　编　215006
电　　话　0512-65225020　65222617(传真)
网　　址　http://www.sudapress.com
印　　刷　南通印刷总厂有限公司
开　　本　850 mm×1 168 mm　1/32　印张 6.875　字数 106 千
版　　次　2015 年 2 月第 1 版　2015 年 2 月第 1 次印刷
书　　号　ISBN 978-7-5672-1237-4
定　　价　16.00 元

序

人类社会进入到二十一世纪，科学技术日新月异。那些在过去常常被人们视作不可能的梦想，今天大多成了现实。网络技术的日益成熟更使人们对科学的无限创造力不再有丝毫的怀疑，更加对那些在科学创新的崎岖道路上不畏艰难、勇于攀登的先人们怀有深深的敬意。试想，如果不是瓦特发明了蒸汽机，我们的交通、我们的工业就不会有今天的发展；如果没有爱迪生发明的电灯，我们的夜晚肯定没有如今的五彩缤纷。

勒格罗博士在法布尔的传记《敬畏生命》一书中指出，每一个时代总是会有那么一些具有特殊才能的人，以他们不朽的贡献在人类进步的过程中留下值得纪念的一笔。特别是那些在某些领域里开拓出新的境界的人，更加值得我们怀念。对于他们这样的人杰，单单只是抱着一种敬仰的态度显然是不够的。如果能够将人们对他们的怀念虔诚地搜集起来，无疑可以对后世起到一种教育和楷模的作用。

这些著名科学家生活在不同的年代，奋斗在不同的科研领域，经历过成功的喜悦，也遭受过失败的痛苦，最终，他们的研究促进了人类社会的进步，赢得了历史的

认可。因此，在后人的眼中，他们往往是传奇般的英雄。他们总是废寝忘食地工作在远离人间烟火的实验室里，做事一板一眼，仿佛与风趣幽默沾不上边。

确实，科学是严谨的、深奥的，科学家是寂寞的，和科学家们打交道最多的是实验室以及实验数据。他们背景迥异，性格不同，却无一不具备细致入微的观察力、坚韧不拔的毅力、无比深邃的科学思想、可歌可泣的奉献精神。他们就像神探福尔摩斯一样，在大自然的蛛丝马迹中探寻人类未知的宇宙天地间的奥密。他们发明和发现的道路如同原始森林中的崎岖小径，跌宕起伏，丰富多彩。从书中一个个生动的故事为我们破解了一位位科学巨人成功的奥秘。从这个意义上说，科学家的生活又是迷人的。

华罗庚学习起来非常刻苦和努力，每天他都能够坚持自学十几个小时以上，有的时候，一天只睡四个小时的觉。寒冬腊月天，屋子里寒气逼人，手脚冻得冰冷发僵，连写字的砚台都被冻住了，他就把砚台放在脚炉上，一边磨墨，一边用毛笔蘸着墨汁做习题。

小仲揆（李四光的小名）从小很勤劳，懂得为家庭分担困难。他常常帮着妈妈打柴、舂米、推磨、扫地、提水、放羊、割草等，几乎样样事情都能干。他成了妈妈的好帮手。他用小提桶帮妈妈提水,让水缸里的水总是满满的;他带着扒子上山去搂树叶,让灶堂底下的柴禾总是堆得高高的。

丰富多彩的大学生活开始了,钱伟长也开始了人生中的另一个重要阶段。博学的老师,教育理念的先进和个性化,融洽的师生关系,多彩的大学生活……这一切成了钱伟长一生中的重要财富。

钱学森兴趣广泛,除了主修的理科,还痴迷于许多人文学科。当时的北师大附中开设了许多的选修课:音乐、绘画、文学、诗歌……钱学森带着强烈的求知欲望、浓厚的学习兴趣在师大附中这片充满生机的知识海洋中遨游,为自己未来的科学研究事业和精彩人生奠定了坚实的人生基石。

为了全面掌握气象科学方面的知识,竺可桢攻读了和气象相关的十多门课程。课后,他又到一家又一家的书店里去寻找和气象学、地理学相关的书籍,买回了一大堆书。别的留学生参加各种聚会、运动会、演讲会,竺可桢就一个人在图书馆读书。在哈佛的这一年,时间过得特别快,竺可桢学到的知识也特别丰富,他确定了自己的科学目标。

……

这是一套引人入胜、让读者受益无穷的丛书,在轻

松的故事叙述中阐释深刻的哲理，引导青少年步入科学殿堂。丛书不仅介绍了科学家的人格、所处的社会和时代、思想历程，还阐述了科学家的科学发现与技术发明的基本知识及其意义，引导青少年正确认识科学研究的过程、方法和基本原则。同时，考虑到丛书面向的是青少年读者群，编写者有意跳过了那些深奥难懂的技术细节，在对这些大科学家别样人生的讲述中，注重诠释科学精神，展现大家风采，激励读者登攀科学高峰。

本丛书是科学与人文相融合的结晶，旨在为广大青少年读者的健康成长提供精神食粮，是助益青少年起跑与腾飞的健康加油站。

目录 Contents

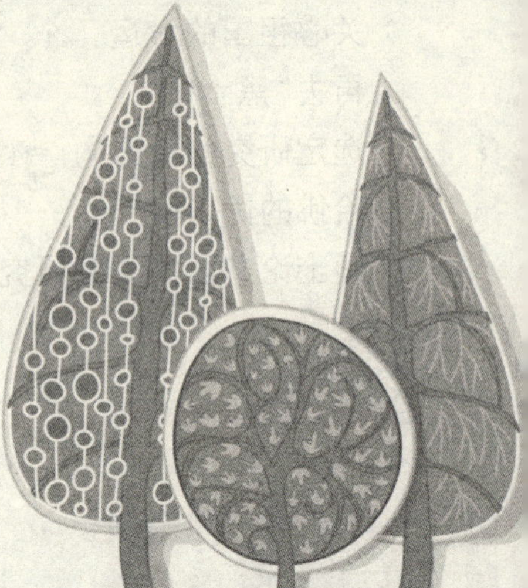

故乡生活

古老的中国在一片黑暗中蹒跚前行，无数的中国人探寻着救国救民的道路、奉献着自己的青春和生命。

年纪尚小的竺可桢让姚老师看到了中国的希望，中国要强大、要振兴，还是要依靠这些可爱的孩子们，他们才是中国的未来。

觉醒的时代

1890年3月7日，当代著名的地理学家、气象学家和教育家竺可桢出生于浙江省绍兴县（今属上虞区）东关镇巴家台门。竺可桢出生的时代是一个觉醒的时代，古老的中国正从长久的沉睡中逐渐醒来。然而，这个觉醒过程却充满了艰辛与磨难。

早在明朝末年，徐光启就开始着手翻译天文、历算、气象、物理等方面的西方书籍，之后西方的传教士也不断带来现代文明的种子，但东方雄狮的美梦却并没有被西方前进的脚步声惊醒。直到1840年，英国侵略者向古老封建的中国发动了侵略战争——鸦片战争，中国签订了历史上第一个不平等条约——《南京条约》。鸦片战争以后，中国开始由独立的封建国家逐步沦为半殖民地半封建国家，中华民族开始了一百多年屈辱、苦难、探索、斗争的历程。鸦片战争迫使中国人睁眼看世界，逐步消除了“上国天朝”、“惟我独尊”、“夜郎自大”等虚骄之气。我们要挽救民族之危难，就必须拒外寇于国门之外；我们要救文明之衰微，就必须打开国门迎接科学与民主的曙光。

最先觉醒的中国人开始积极地寻求救国的方法。魏源编成《海国图志》100卷，广泛介绍西方知识，并提出“师夷长技以制夷”的思想，试图吸收西方先进的科学技术，使中国富强起来。曾国藩、李鸿章等开展洋务运动，传播西学的各种新式学堂陆续开办，并开始派遣留学生出国深造。康有为、严复、梁启超、谭嗣同等维新派幻想走日本的“明治维新”之路。1898年6月11日，光绪帝宣布变法，结果100天之后，变法失败，谭嗣同等戊戌六君子丧命。

在竺可桢的童年时代，古老的中国在一片黑暗中蹒跚前行，无数的中国人探寻着救国救民的道路、奉献着自己的青春和生命。国家的不幸震撼着竺可桢幼小的心灵，激发了他炽热的爱国情怀，成为他一生不懈奋斗的动力……

故乡与家族

竺可桢的故乡——绍兴，浸润着华夏文明的精华，积淀了深厚的历史文化。

浩浩长江、悠悠远山、东海之滨，江中泥沙的沉淀，祖先辛勤的耕耘，使这里成为富庶的鱼米之乡。在长江三角洲的南部，钱塘江迂回东流，江的南岸便是浙江省的宁绍平原。这里有连绵起伏的龙门山、会稽山、四明山、天台山，这里有婉转曲折的浦阳江、曹娥江、甬江，这里是山明水秀、人杰地灵的好地方。

绍兴历史悠久，早在新石器时代，境内已有人类繁衍生息。传说中的大禹治水，三过家门而不入，治水成功后在茅山为参加治水的功臣论功行赏，并将茅山改名会稽山，绍兴遂有会稽之称。历史上还有越王勾践卧薪尝胆，最终振兴越国、打败吴国的感人故事。宋代的“靖康之难”发生之后，宋朝皇室南渡，宋高宗赵构在此题词“绍祚中兴”，于是这里就有了绍兴之名。

绍兴的历史上有着难以胜数的文化名人，他们在中国文化的历史长河中留下了光辉的身影。东汉时期的王充，用毕生精力著成的《论衡》，是那个时代最伟大的科学论著。晋代的大书法家王羲之邀请天下名士雅集于此，曲水流觞、吟诗作赋，留下了《兰亭集序》，引得后人思慕不已。此后，这里更是人才辈出，中国第一个山水诗人谢灵运，“饮中八仙”之一的贺知章，爱国诗人陆游，世称“阳明先生”的哲学家王守仁和中国现当代历史上伟大的文学家、思想家、革命家鲁迅，等等，不可胜数。东南文化的兴盛，绍兴堪称是最具代表性的地方。竺可桢生长在这里，受到了中华传统文化的滋养，成为绍兴历史上重要的文化名人之一。

竺姓是上古的古老姓氏，根据《姓源》记载，竺姓本姓竹，他们是孤竹君的后代。竺氏的祖先南迁时本来居住在河北，宋高宗时为南阳公主的驸马。“靖康之难”后，宋朝皇室南渡，竺氏家族曾多年流寓于温州、四明、钱塘、会稽等地方。大约有绍兴这个地名时，竺氏祖先就已经来到这里，他们最初以狩猎为生，明清以后才以农业为主。竺氏家族的繁衍已有 800 多年的历史，到了竺可桢这一代，已经是第 29 代了。

父亲和母亲

竺可桢的父亲竺嘉祥，又名吉甫，大家都会亲切地喊他开祥。他的身材不高，矮矮胖胖的，头上总是戴着一顶破毡帽，一副憨厚诚实的农民模样，但他炯炯有神的眼睛，表明他处事精明。他们的老家本来是在山区，但为了能让家里人生活得更好，竺嘉祥带着家人搬到了绍兴县的保驾山，在这里做些小买卖，过着半农半商的生活。竺嘉祥做生意赚了些银钱之后，没有置办田地，而是弃农从商，开起了一家承茂米行，红红火火地做起了生意。

竺可桢的母亲叫顾金娘，她的身材瘦削，非常的勤劳灵巧，干活也麻利爽快。她总是穿着一套浆洗得干干净净的蓝布衣裤，头发梳成发髻盘在脑后，一丝不乱，显得很有精神。她虽然有名字，但除了父母在她小时候曾叫过她"金子"的小名之外，出嫁后就很少有人知道她的名字了。因为丈夫在家里排行老三，所以亲戚、邻居都会喊她三婶、三嫂。她是一个普通的母亲，深深地疼爱着自己的孩子；她也是一个能干的劳动妇女，一家大小十几口人的吃饭穿衣，都是由她来操办。

竺嘉祥和顾金娘辛勤地养育着自己的儿女，三个儿子分别叫可材、可谦、可桢，竺可桢是夫妻俩最小的儿子，也是他们最疼爱的孩子。在这个家庭里，竺可桢有疼爱他的父母，有伴他一起长大的兄弟姐妹。他受到了良好的人生教育，这也是他未来人生的起点。

小阿熊的童年时光

1890年3月7日，在绍兴这个小县城里，竺嘉祥家添了第三个男孩。父亲竺嘉祥高兴地给孩子起了个名字叫绍荣，在绍兴方言里，“绍荣”读起来就像是“兆熊”，因此家里人都会亲切地唤作阿熊。可是，竺嘉祥思来想去，绍荣和兆熊这样的小名都不能当正式的学名，孩子还应该有个学名才好。于是，他又找到镇上的私塾先生，请他为孩子取个名字。先生听了竺嘉祥的想法之后，就给阿熊取了“可桢”这个名字。先生还专门解释说：“桢”字的意思有两层，一是女贞木，是一种坚实的木头，它的叶子到冬天也不凋谢；二是古时候筑土墙时所立的柱子，被称作桢干。“可桢”就是将来可以成为国家栋梁的意思。竺嘉祥觉得这个名字的寓意非常好。

为了能让孩子日后有出息，竺嘉祥在竺可桢刚刚长到1岁半时，就常常一边做生意，一边教他认一些简单的汉字。有一天，嘉祥要外出办事，临走时对可桢说：

“阿熊，今天我有事，不能教你认字了，放你一天假好吗？”

没想到，正在母亲怀里吃奶的竺可桢，立刻不喝奶了，掉转头，明亮的眼睛盯着父亲，小手拉住父亲的衣服，咿咿呀呀地说着：

“不走，不走！认字，认字。”

妈妈把阿熊抱在怀里，用手指轻轻地点着竺可桢的额头，笑着说：“真是个好学的孩子，咱家要出状元啦！”

就这样，到了3岁的时候，阿熊已经认得好几百个字，能背诵好多首唐诗了，家旁边的字号、店名也全都认识。街坊邻居听说竺家3岁的阿熊能认字，都把他当神童看待，经常会考考他，而竺可桢也总是可以从邻居大娘那儿赢来一块冰糖、一块方糕。

一天，竺嘉祥又带着阿熊在门口玩耍，对面的沈大嫂蹲下来摸着竺可桢的脑袋说：

“小阿熊啊，对面那块招牌上是啥字啊？说对了请你吃糖。”

“万——顺——园。”

“真不错！听你爹说，你还会背诵很多唐诗啊，背一首给我听听！”

“白日依山尽，黄河入海流。欲穷千里目，更上一层楼。”

“好，大娘也说话算话，你看这是啥？”

沈大嫂把竺可桢抱在怀里，高兴地往他嘴里塞了一块糖。吃了糖的竺可桢也咧开嘴，开心地笑了。

竺可桢不仅能够认字背诗，还善于观察一些自然现象、思考问题。绍兴是一个多雨的地方，每到下雨的时候，家里的屋檐上就会滴水，落在石板上发出“滴滴答答”的响声。竺可桢觉得声音很好听，就站在一旁数数：“1，2，3……”数着数着，他发现一个神奇的现象：在这些平滑的石板上会有些小水坑，而水滴正好滴在小坑里。他立即跑去问父亲：

“爹，为什么石板上会有小水坑呢？”

竺嘉祥听了儿子的问话，非常高兴，他耐心地解释说：

“阿熊啊，这就叫‘水滴石穿’呀！别小看这一滴一滴的雨水，这雨水敲打在石板上，时间长了，坚硬的石板也会被滴出小坑的。我们生活中的事情也是这个道理，只有持之以恒，读书才能出好成绩，学习才能有收获。”

阿熊似懂非懂地看着父亲，“水滴石穿”的道理深深地印在了他的心里。在以后的学习和工作生涯中，他一直用这句话鼓励自己，并最终收获了丰硕的成果，成为我国著名的气象学家。

学堂里的趣事

5 岁的阿熊正式走进了学堂，开始上学了。虽然最初竺可桢上的只是大哥竺可材临时开设的私塾，这里招收的也不过是七八个亲戚朋友家的孩子，但是竺可桢还是穿上新鞋，换上崭新的衣服，在大哥的带领下，同一帮小伙伴向着“至圣先师孔子神位”磕头，然后开始上课。

大哥竺可材从《三字经》教起：“人之初，性本善……”阿熊一板一眼地跟着大哥诵读。竺可桢学得很快，竺可材就给他增加一些学习内容：“云对雨，雪对风，晚照对晴空。来鸿对去燕，宿鸟对鸣虫……”大哥教竺可桢对对子，给他讲有趣的历史故事，开阔了竺可桢的眼界。小阿熊也非常崇拜大哥，希望能像大哥一样知识渊博。

很快，大哥要离开家里，去城里做事了，竺可桢十分不舍，真希望大哥还能留下来给他讲书。为了不耽误竺可桢的学习，竺嘉祥又请来了章镜尘先生来家中坐馆，教授竺可桢。章镜尘先生是一位很有学问的君子，他也非常喜欢好学的竺可桢。他将深奥的“四书”“五经”明白易懂地讲给上私塾的这些孩子们，看到孩子们渴求知识的眼睛，章先生也感到了满足。就这样，章先生在孩子们的心里种上了中国文化的种子，这粒珍贵的种子也在竺可桢的心里生根发芽，滋润着竺可桢的心田。

1899 年的春天，东关镇这个小地方建立了一座新学堂，叫毓菁学堂，地点就设在天华寺的藏经楼。这是因为"百日维新"的缘故。光绪帝发起的"百日维新"虽然以失败告终，但是清政府命令各省兴办中小学堂的新政却保留了下来，特别是在竺可桢生活的江南地区，新式学堂如雨后春笋般发展起来。章镜尘先生要转到学堂教书，竺可桢顺理成章地进这个新学堂读书了。学堂里的老同学不少，老师也来了一批，竺可桢和同学们不再只读圣贤书了，还要学习数学、天文、地理、生物等各类新知识，这让竺可桢感觉很新鲜，学习的兴趣也非常浓厚，常常学到很晚，同学们有问题都会先问竺可桢，称他为"万事通"。

竺可桢非常喜欢野外的自然风光，学习之余，经常和同学们到附近的河边或者小山上玩耍。有一天，竺可桢和一位同学在河边捉鱼，潺潺的流水，轻轻的微风，呢喃的水鸟，一派水乡景色让竺可桢心旷神怡。忽然，竺可桢看到远处一个衣衫褴褛的人正跪在另一个人的脚边，不停地磕头，好像在苦苦哀求着什么，谁知那个人却毫不留情地一脚踢过去，把他踢到了河里。竺可桢和同学赶紧跑过去，把那个穷苦人扶上了岸，那个凶汉看见了，指着竺可桢的鼻子就骂起来：

“你这个小毛孩，管什么闲事？”

“我就管了，怎么样！”

“好，你要管是吧？他欠我一斗米，欠债还钱，天经地义。你替他还吧！”

原来是穷人借了这个人一斗米，如今还米的期限已到，可是他家中五口人已经忍饥挨饿很多天了，哪里还得了米？所以才苦苦哀求这个人宽延几天。竺可桢听了后拍着胸脯说：

“我还就我还！你跟我来！”

竺可桢带着这两个人回到了家，见到母亲并对母亲说明了情况。顾金娘听了之后，夸奖竺可桢做得对。虽然竺可桢家也不宽裕，但是善良的顾金娘还是量了一斗米给凶汉带回了家，又送了些米给穷人回家救急。顾金娘对竺可桢说：

“孩子啊，如今家家都不容易，但是做人还是要积点德啊！”

这是一个普通农村妇女的简单想法，却让竺可桢知道了善良和帮助他人是一种美德。

在毓菁学堂学习的几年时间里，竺可桢不仅在知识和见闻上有了很大的发展和进步，更重要的是加深了对国家命运的认识。毓菁学堂虽然地处穷乡僻壤，但学校里的一些青年老师还是为这些小学生们带来了新思想。其中，有一位姚小谷老师最活跃，他关心国家的前途，还常常在上课的过程中启发学生思考。在一次上课的时候，姚老师讲杜甫的诗歌：

“甫昔少年日，早充观国宾。读书破万卷，下笔如有神。”

杜甫24岁时，就已是参观王都的国宾了，他学识丰厚，才思敏捷。虽然他后来的人生道路并不顺利，仕途失意，生活困顿，但那是由当时黑暗的社会和现实造成的。学习了杜甫的这首诗，姚老师请学生们想想看：“什么东西最苦，什么东西最甜？”竺可桢沉思了很久，站起来回答：

“老师，我觉得丧权辱国最苦，振兴中华最甜！”

姚老师听了之后十分惊讶，一个小学生能有这样阔达的眼界，真是不简单啊：

“竺可桢，你答得很好。那你能说说你是怎么想的吗？”

“老师，您上次课上说，国家签订了很多不平等条约，既要赔款还要割地，这些苦难都压在了百姓的身上。只有我们国家富强了,我们大家才能过上甜蜜的生活。”

年纪尚小的竺可桢让姚老师看到了中国的希望,中国要强大、要振兴,还是要依靠这些可爱的孩子们,他们是中国的未来。

坚定的求学理想

1905 年的春天，竺可桢各门功课全优，以全校第一名的成绩毕业了。离开了东关镇上的毓菁学堂，竺可桢要去更加广阔的天地学习知识。父亲竺嘉祥为儿子报考了绍兴城里的东湖法政学堂即东湖书院，竺可桢不负众望，一考就中。

在一个春天的早晨，十几岁的竺可桢乘着小船来到了东湖书院。虽然这里离老家只有几十里的路程，但是第一次离开家的竺可桢还是感到非常兴奋，眼前的一切都是那样的新鲜。东湖书院坐落在乌门山，校舍宽敞，景色优美，真比家里的学堂强很多啊！然而，经过了半年的学习，竺可桢却感觉到非常不顺心，因为法政学堂的学习内容，自己并不感兴趣。竺可桢比较喜欢自然科学，所以他想转到上海的澄衷学堂，因为那里教学水平高，课程设置也更符合竺可桢的爱好。到放暑假的时候，竺可桢就收拾好了行李，决定不再留在东湖书院了。

暑假回到家，竺可桢对父母说了自己的想法，希望能够去上海读书，多见世面，多求学问。对于竺可桢的理想，竺嘉祥和顾金娘都觉得儿子很有志气，也非常支持，只是眼下家中生活困难，难以拿出银钱来资助他读书。正当一家人愁眉不展的时候，竺可桢的启蒙老师章镜尘先生来到竺家，特地看望自己的得意门生。言谈之间，章先生了解到竺可桢的求学愿望和难处，便决心资助竺可桢：

"澄衷学堂是个学习的好地方，以你的才华，也一定能够考上。老师已经不中用了，中国的未来还是要靠你们这些青年人啊！你放心去考吧，钱的事我来想办法！"

有了章镜尘先生的解囊相助，竺可桢满怀希望地踏上了新的求学路。澄衷学堂由叶澄衷先生于 1899 年创办，7 年的时间里，已经培养了好几批品学兼优的学生。竺可桢顺利地被学校录取，开始安心学习。他思维敏捷、记忆力好，虽然很多课程内容都是从零学起的，但通过自己的刻苦努力，竺可桢的学习成绩还是十分优秀，超过了很多同学。

在这所中学就读的学生中，上海本地人多，外地人少。竺可桢说着一口绍兴话，又因为营养不良、身材矮小，很快就引来了同学们的议论。一天饭后，竺可桢一边背诵着英语单词，一边在操场上散步。从对面走来的几名同学一看到竺可桢，就大笑了起来，似乎在说竺可桢的个子矮。因为隔得远，竺可桢听不太清楚，只听到有一个学生抬高了声音说："像竺可桢那样又瘦又矮，一定活不过20岁……”竺可桢瞪着眼睛看着他，这个在背后讥笑自己的人就是胡适——后来中国新文化运动的领袖之一。气愤的竺可桢回到宿舍，躺在床上想着胡适的话。自己确实身体瘦弱，我们的国人也被西方列强称为“东亚病夫”，要想救国，自己首先要强健身体。想通了的竺可桢决定以后要坚持锻炼身体，从那以后，他每天早起做体操，课余时间还拉着同学一起运动，保持饱满的精神状态。热爱运动也成为竺可桢一生坚持的好习惯。

1908年春，竺可桢在澄衷学堂已经度过了3年的时光，离毕业只有3个月的时间了。18岁的竺可桢不仅身体结实，学习方面也一直名列前茅，各门功课都取得了优异的成绩。此时，发生的一件事情却影响了竺可桢的顺利毕业。

上海是一个消息灵通的地方，澄衷学堂里的学生们常常议论社会上发生的事，学校的学生和很多老师都有争取民主和科学的愿望。可是，竺可桢班上的一位美术老师却非常专制，他监视学生们的言论，教学方面也非常不称职。学生们都议论纷纷：

“我们不要这样的老师。”

“我们应该申请让学校开除他！”

此时，竺可桢挺身而出，

“我去对校长说！”

可是校长不仅没有撤换这名教师，还斥责竺可桢：

“你们不尊重教师，像什么样子！”

班上的同学为了争取自己的权利，开始集体罢课，可校长不仅不听学生罢课的原因，还让全班同学停课，不予毕业。苦读 3 年，竺可桢却拿不到毕业证书。他并没有后悔，决定转到复旦公学，也就是后来复旦大学的前身。竺可桢本就计划在毕业之后攻读自然科学方面的专业，而复旦公学正好比较侧重这方面课程的教育。竺可桢非常庆幸自己选对了学校。

就在这年冬天，竺可桢已经在复旦公学读了大半年的时间，有一天大哥竺可材突然来到学校。竺可桢有一种不祥的预感：

“大哥，是不是家里出事啦？”

“三弟，娘快不行了！”

听到噩耗的竺可桢心里一下子空荡荡的，自己勤劳的母亲怎么会有事呢。他赶紧回宿舍收拾好了东西，便随着大哥乘船回家。他多么盼望脚下的船能快一点，这样就能尽早地见到母亲；可是他又多么希望船能慢一些，因为他不敢面对母亲的离去。他只能在心里一遍遍地说：“娘不会有事的，不会的!”

船到了东关镇,兄弟俩急着跳下了船,赶回了家。

“娘! 娘!”

竺可桢冲进了屋里,看见的却是母亲的遗容。顾金娘已经去世两天了。竺可桢什么话也说不出来,只能放声大哭。竺可桢把对母亲的思念、愧疚全都化成了泪水,打湿了全家人的心。竺可桢的母亲——这位勤劳朴实的劳动妇女,为了家庭和儿女付出了自己一生的辛劳,最后被安葬在她年轻时曾经劳动过的土地上。对竺可桢而言,思念母亲的情感伴随了他一生。在以后的时光里,只要有空回到老家,竺可桢都会到母亲的坟头凭吊。

美国的留学生活

在海轮上，竺可桢挥着手向祖国母亲告别："别了，祖国！别了，亲人！"这一去，就是整整 8 年的时间！

他即将离开这块让他收获丰硕知识的地方，回到日思夜想的祖国，用自己的才学去发展中国的气象事业。

考取公费留学生

1909年，竺可桢考入唐山路矿学堂，学习土木工程。这一次，竺可桢离家数千里，北上求学，他先乘轮船从上海到天津，然后转乘火车到达唐山。路矿学堂里的自然科学课程都是由外国教师用英语教授的。竺可桢本想从这些洋老师的身上多学点知识，没想到这些老师大多十分傲慢。在课堂上，老师不叫学生的姓名而是直接喊学号。竺可桢觉得这是对中国学生的不尊重，他心里想着："如果他们这样喊我，那我一定要有所行动。"

不久后的一次课上，英国教师出了一道题，请中国学生回答。他喊道："227！"这是竺可桢的学号，竺可桢虽然听见了，但他纹丝不动。那位英国教师又提高声音再喊了一遍，竺可桢还是像没听见一样，只是用眼睛盯着讲台上的英国教师。其他的学生有的窃窃私语，有的捂着嘴笑。那位教师已经意识到了自己喊学号的方式出了问题，但是惯性和维护自己尊严的心理促使他又喊了一遍竺可桢的学号，但这一次喊"227"号时，口气已不再强硬。竺可桢这才站起来用标准、流畅的英语准确地回答了老师的问题。最后竺可桢还说：

“对不起，老师，我有自己的名字，我希望您能喊我的名字！”竺可桢的话引来了全班学员的掌声，英国教师也感觉到自己做得不对。在以后的上课过程中，很多外国教师都不再喊学生的学号，而是礼貌地喊学生的姓名了。

就在竺可桢就读唐山路矿学堂的时候，一个好消息传来。美国国会通过了一项法案，退还部分庚子赔款用于发展文化教育事业，中国将利用庚子赔款向美国派遣公费留学生。1909 年第一批留学生已经顺利赴美学习，第二批留学生的选派工作也即将开始。1910 年春，学部正式发布了通知，要选派留学生。这批美国公费留学生的性质共分为两类：第一类是 11 ~ 15 岁，第二类是 16 ~ 20 岁。竺可桢决定报考第二类。招考的标准十分严格，全国各地共有 1000 多名考生参加，竞争十分激烈。考试的科目也很多，既有英文，又有德文、法文、拉丁文、希腊史、物理、化学、生物等科目。竺可桢根据自己的学习情况，对考前的复习进行了全面细致的安排。

7 月 21 日是首场考试，上午考中文论说，下午考英文论说。竺可桢早早地来到考场，冷静顺利做完了考题，感觉还不错。按照规定，只有这两门考试通过，才有资格参加其他科目的考试。7 月 25 日是首场考试放榜的日子，一共录取了 272 名，竺可桢榜上有名。他心里非常开心，但很快就平静下来准备其他科目的考试。在接下来整整三天的时间里，竺可桢都在考场上全力奋战，直到考试结束，他才松了一口气。

发榜的日子终于到了，竺可桢挤在人群里抬头看榜：第一名，18 岁的杨锡人，江苏震泽人；第二名，19 岁的赵元任，江苏阳湖人……第 28 名，竺可桢，浙江绍兴人……第 70 名，张宝华，浙江平湖人。这一次，一共 70 人获得了公费留学美国的机会。

在去美国之前，竺可桢回到了东关镇，看望了已经年迈的父亲，又在母亲的坟上献了一束野花。带着故乡亲人的嘱托，带着对祖国的深深依恋，竺可桢同其他的留美学生一起从上海乘海轮横渡太平洋，来到了旧金山。在海轮上，竺可桢挥着手向祖国母亲告别：“别了，祖国！别了，亲人！”这一去，就是整整 8 年的时间！

中国留学生乘坐的“中国号”停泊在旧金山，这是一座美丽的海滨城市。竺可桢和其他的学生在这里稍事休整之后，又坐上火车，横越北美大陆，去往美国的首都华盛顿。在火车上，竺可桢的眼睛一直盯着窗外的景色，美国西部地区干旱、荒凉，满眼都是崎岖的山地和干燥的沙漠；东部地区湿润、富庶，既有开阔的草原风光，又有秀美的茂密森林。从西往东，景色越来越好，人口也越来越多。竺可桢在观赏风景的同时，也在心里暗暗对比着中美两国气候条件的差异，期盼着能在这里学习更多的知识。他们终于到达了美国首都华盛顿。可是竺可桢等一行求学心切，他们在华盛顿只是简单地观赏了一下市容，就又登上火车，赶往他们此行的目的地——伊利诺伊大学。

伊利诺伊大学创立于 1868 年，开始时只有 50 名学生，教员 3 人，现在这里已成为容纳上万人的高等学府了。伊利诺伊大学坐落于小城尚佩思，这里景色迷人，碧绿的田野让竺可桢想起了故乡江南水乡的风光。学校内部教学设施齐全，师资力量雄厚，图书馆里的藏书也非常丰富。这些都让竺可桢感觉非常满意。

竺可桢办好入学手续后，就正式开始了留学生活。他的英语基础好，很快就适应了课堂上的全英文教学。在生活上，竺可桢也过得很顺心。作为公费留学生，他每月有 60 元的奖学金，经济方面非常充裕，除了每月定期付给房东 3.5 元的膳食费，其他方面的消费比较少。竺可桢每个月通常只拿出 20 元左右用于基本开销，其余 40 元都存入银行。

竺可桢在伊利诺伊大学的学习生活既紧张又十分愉快，一年的时间很快就过去了，他感觉自己学习了很多在国内学不到的知识，他想的是怎样把现在学到的东西带回自己的祖国，去帮助自己的父老乡亲。

“黑土带”上的新发现

1911 年 8 月中旬，伊利诺伊大学开始放暑假，一直要到 9 月末才开学。很多留学生想借此机会到美国东部的大西洋沿岸去度夏。那里有华盛顿、纽约、波士顿这样的世界名城，处处都是优美的风景、历史悠久的名胜。竺可桢却并不想只是进行简单的游览观光，他的计划是从专业研究的角度出发，更切实地了解美国的农业和农民。他找到了钱崇澍、邹树文、辛树帜 3 个志同道合的同学一起到美国南方的农业区去考察。他们将顺着密西西比河南下，目标为路易斯安那州。

美国密西西比河沿岸的土地，颜色是黑色的，人们称之为“黑土带”。这里布满了肥沃的田野，种植了大量的玉米、棉花，是美国著名的农业产区。竺可桢和同伴们一路走来，看到的是这里黑人和白人的生活界限分明。黑人住着简陋的小木屋，没日没夜地拼命干活，却连一件像样的衣服也买不起，吃饭就更成问题了。白人中也有生活穷困的，但他们一般都有较好的住房，要找一些条件不错的工作，也比黑人容易得多。在密西西比州，竺可桢调查了这里的棉花和玉米的种植情况，也看到了黑人所受到的不公正对待。白人的教堂，黑人不得入内；白人的理发店，黑人不能进去。黑人和白人可以同坐一辆车，但不能坐在同一排。看着这些黑人的艰难生活，竺可桢想起了中国农村的佃农和长工的生活情景。他们都生活在社会的最底层，承担着最繁重的工作，过着最艰苦的生活。

通过这一次的夏日考察，他们见识了密西西比河沿岸的富庶与繁华，游览了路易斯安那州的田野和沼泽，最后来到墨西哥湾北部的大港新奥尔良时，竺可桢的考察记录已经写了整整一大本。

钱崇澎开玩笑地说："可桢，这一路你的收获最大！"

竺可桢只是淡淡地笑了笑，他想的是美国农业的生产方式是否适合中国的实际需要，在这方面，自己还有很多的工作要做。

关心祖国的命运

新学期开始之后，竺可桢对美国的学习生活早已完全适应。除了正常的学习之外，他还积极地阅读书籍、报纸，丰富自己的知识储备。同时，他还与其他的留学生进行一些社会交流，积极参加学生会组织的各种活动。1911 年 10 月 12 日，课后，竺可桢正在阅读他平时最喜欢的《美国科学》，这时候，一位同学拿着一份报纸冲进了教室，兴奋地叫着："快来看，同学们！有好消息！"原来是 10 月 10 日这一天，在中国，孙中山领导的武昌起义成功了，清王朝的封建统治就要结束了！这位同学大声地朗读着中国革命的每一条报导，每个留学生都在聚精会神地听着，竺可桢流下了激动的泪水。此刻，这些中国留学生们的心紧紧地连在了一起，他们都在为祖国的进步而满心欢喜。

在随后的一段时间里，虽然课程任务重，但竺可桢还是天天关注来自祖国的消息。在学生会组织的活动中，竺可桢和其他的留学生一起讨论中国的革命进程。竺可桢认为，此时中国要解决的首要问题是尽快建立统一政府，避免西方列强趁机再次瓜分中国。国内的革命形势让竺可桢心急如焚，直到中华民国成立，孙中山出任中华民国临时大总统，竺可桢的心才渐渐安定下来，继续在自然科学的道路上前行。

再去“黑土带”

1912 年暑期，竺可桢还是想去南方考察美国的农业与农民。他问去年和他结伴而行的钱崇澍、邹树文、辛树帜三个人还去不去南方，但三个人都已有其他安排。邹树文拍着竺可桢的肩膀说：

“去年咱们不是去过那块‘黑土带’了吗？今年你就跟我走，去看看大瀑布吧！”

竺可桢摇摇头，他的心思不在大瀑布上，他还是牵挂着农业和种植业。回到宿舍收拾好行装，他决定这次就一个人去。

“竺可桢在吗？”

门外一个年轻姑娘的声音让竺可桢很意外。竺可桢打开门，同学陆次兰一边笑着一边走了进来。陆次兰梳着两根油黑的大辫子，眼睛明亮而有神，白皙健康的脸庞上还有两个可爱的小酒窝，她笑着对竺可桢说：

“听说你要一个人去南方，带上我行吗？”

“你？一个姑娘……”

竺可桢有点犹豫,同一个女子结伴去旅行,似乎……陆次兰很敏锐地感觉到竺可桢的尴尬,心里一阵暗笑,她爽快地说:

“你是怕男女授受不亲吗?不是我们两个人去,我找了张文廷、杨永年两个一块儿去。咱们四个人一起,互相有个照应!”

“他们俩我都熟悉,只是去南方不是旅游,一路上会比较辛苦!你受得了吗?”

“怎么不行?我的身体好得很呢!”陆次兰不服气地说。

“那好,我都准备好了。给你们三天时间收拾行李,三天后就出发!”

竺可桢毫不客气地给陆次兰安排了行程。这次,竺可桢再去路易斯安那州,又是四人同行。三天后,竺可桢、陆次兰、张文廷和杨永年就高高兴兴地出发了。

一路上,美国南方种植区的玉米已经快要成熟,路边的玉米地一望无际,玉米秆也长得很高了,竺可桢高兴地握着路旁的玉米秆说:

“现在玉米已经灌浆,该是吃嫩玉米的时候了!”

果然,当这四个人来到一个小镇的农户家时,主人热情地给他们端上了烤玉米、煮玉米,还有嫩玉米做的甜饼,四个人吃得心满意足。竺可桢这时候向农户的主人提出，想在这里帮几天工，亲身体验美国农夫的生活。农户的主人说现在正是需要人干活的时候，很高兴地接受了四个人的请求。在接下来的几周里，竺可桢、陆次兰、张文廷和杨永年就在这个小镇上帮着当地的农民摘西瓜、豆角、西红柿、甜瓜等各种蔬菜、水果，再装上车送到城里去。干完活，四个人互相看看对方都大笑了起来：

"哈哈，你看你这个黑煤球！"

"你也不差，像一块黑巧克力！"

原来四个人干农活，脸儿都被太阳晒得很黑，所以互相取笑。几个星期的体验生活，让竺可桢对美国的农业生产方式有了更深刻的理解。美国地广人稀，农民和土地的关系也相对自由，劳动力都处在流动当中。而中国的农民却和土地有着天然的密切联系，大部分农民一辈子都不会离开自己耕种的土地。所以美国农业生产的方式在中国是行不通的。这也就意味着竺可桢所学习的农业专业将来在中国的用途不大，而自己报效祖国的理想也将难以实现。改变这一现实的方法就是转系，学习更适合中国实际的专业。经过这次旅行，竺可桢下了转系的决心。

选定研究的新方向

新学年开始，竺可桢向伊利诺伊大学提出转系。但是他的学程已经超过了2/3，按照规定，此时不能转系。竺可桢只能坚持完成农业专业的学习。匆匆又是一年，1913年夏天，竺可桢在伊利诺伊大学农学院已学习了3年，修满了学分，获得了学士学位。此时，他想要继续攻读硕士学位。一年前，他转系没有成功，现在，他可以重新考虑攻读方向了。他想要学习有实用价值的理科知识，可是到底学什么呢？

带着满脑子的疑问，竺可桢来到了老师胡敦复的办公室。胡老师热情地请竺可桢坐下：

“祝贺你啊，顺利地获得学士学位。如果你要攻读硕士，要学什么方向呢？”

“我现在还不知道要学什么，但是我想要学习理科方面的专业。另外，我的父母都是农民出身，我希望能够和农业有关。”

“不错，这个方向既要和你之前的学业有关联，又要有很好的应用前途，我来想想看什么专业比较合适。”

胡老师肯定了竺可桢的想法，竺可桢也觉得自己的考虑很不错。老师拿起一本美国高等学校概况，开始仔细地寻找。终于，他抬起头，对竺可桢说：

“气象！气象专业怎么样？这和农业有着密切的关联，又是理科专业。”

“老师，太好了，就学这个专业！谢谢您的帮助！”

竺可桢对气象学很陌生，这是一门很尖端的新学问，涉及很多有价值的领域。这也激发起了竺可桢探究气象科学的强烈兴趣。而且风雨雷电，水涝干旱，霜雪冰冻……这些气象因素都对农业生产有着很大的影响。学校当局为竺可桢推荐了哈佛大学研究院地学系，这所学校非常好，自然考试的门槛也很高，就看竺可桢能不能考进去了。竺可桢没有辜负胡敦复老师和母校的推荐，他以良好的成绩考进了哈佛大学的地学系，开始攻读气象学。

哈佛的优等生

1913 年 8 月下旬，一个晴朗而凉爽的日子，竺可桢来到了马萨诸塞州东部优美的小城剑桥。他在安顿好住所后，就开始游览这座城市和自己将要就读的学校。小城剑桥是一座历史文化名城，独立战争期间，美国的第一支军队就驻扎在这里。这里还云集着美国多所著名高等学府：哈佛大学、麻省理工学院、拉德克利夫学院、莱斯利学院、圣公会神学院和史密森天体物理观测台总部。竺可桢就将在这里度过他的研究生学习阶段。

哈佛大学，这所美国最古老的大学，建于 1636 年，最初只有一名教师、一间木板房和一个小院子。这所学校最初由教会主办，经历了两百年之后，才逐渐摆脱了宗教和政治的控制，取得自治。1865 年开始成立管理委员会。学校的经费一开始全部来自地方人民捐赠的牛羊、小麦、玉米，就连校长和教职工的报酬也是这些物品。后来，它成为美国最著名、最富有、设备最完善、图书最丰富的大学。哈佛大学的校训，就是“真理”。哈佛崇尚学术自由，成为对世界最具影响力的大学之一。哈佛大学为美国培养了好几位总统，还培养了法官、内阁部长和国会领袖，以及一大批享有世界盛名的科学技术和文化艺术领域的杰出人物。竺可桢深切地感受到哈佛大学在精神上与自己的相合，他为自己能在这样一所高等学府进行学习感到十分开心。

一开学，罗威尔校长就来到研究生院地学系，同新来的研究生们一起聊天座谈。他向研究生们介绍了本系的几位著名教授，包括气象学家华尔德和麦克阿迪，他们也将是竺可桢的导师。教授们向学生们介绍了未来学习的方向，最让竺可桢心潮澎湃的是科学史教授沙顿的话，他以科学史家的严谨态度郑重地说道：

“请诸位记住，气象学过去是、而且将来也一定是一门大有益于人类的科学，它的价值会越来越被人们所发现。”

正式上课之后，竺可桢的导师华尔德告诉他：“气象科学既古老又年轻，还非常不成熟。各国的专家都有自己的理论，但谁也没找到正确的预报方法，对决定天气变化的原因也说法不一。意大利气象学家认为天气变化是因为气象要素的波形；法国气象学家说，云系决定了天气变化；德国气象学家说，高空情况操纵了天气变化；北欧的挪威学派则专门研究大气团块。你现在应该做的是多涉猎气象、气候、地质、地理等方面的知识，才能找到突破口。”

为了全面掌握气象科学方面的知识，竺可桢攻读了和气象相关的十多门课程。课后，他跑到一家又一家的书店里去寻找和气象学、地理学相关的书籍，买回了一大堆书。别的留学生参加各种聚会、运动会、演讲会，竺可桢就一个人在图书馆读书。在哈佛的这一年，时间过得特别快，竺可桢学到的知识也特别丰富，他感到将为之奋斗一生的科学目标已经完全确定。

1914 年的冬天，竺可桢已经在哈佛大学生活了一年半的时间。虽然每天专注于气象科学的学习，但他依然坚持着自己中学时的习惯——锻炼身体。这天，他还和平时一样去操场上跑步，跑了几圈之后突然觉得腹部疼痛，恶心、想吐。他以为是跑步造成的肠胃不适，赶紧回到宿舍，躺在床上休息。可是下腹部的疼痛感越来越强烈，他只好忍痛走到了校医务室。医务室的医生简单地检查了一下，就知道是阑尾炎发作，必须进行切除手术。学校的医务室条件有限，不能做这样的手术，所以竺可桢又被转到了剑桥医院。剑桥医院的医生见他十分瘦小，担心他体质太差，就先给他输液，又在输液的葡萄糖盐水中加入了止痛药。

手术开始了，麻醉师先为竺可桢注射了麻药。很快，竺可桢就昏睡了过去。两个小时之后，手术结束了，等竺可桢醒来的时候，护士小姐轻松地告诉他：

“手术非常顺利，你只要好好休息几天就没事了！”

竺可桢躺在病床上，心里却挂念着多灾多难的祖国。青岛和胶州湾还在德国人的手里，日本又侵占了山东全省，我们的国家什么时候才能够富强起来，不再受西方列强的欺侮呢？病中的竺可桢又想起了自己的故乡东关镇。记得小的时候生病发烧，母亲总是用她温暖的手把自己抱在怀里，父亲也会去河边捞鱼给自己煮鲜美的鱼汤。如今，母亲已经去世，父亲已然老去，而自己却还远在千万里之外的异国他乡，什么时候才能回到自己朝思暮想的祖国？什么时候才能回到自己魂牵梦绕的家乡呢？

硕士论文里的雨量研究

竺可桢病好之后，就开始考虑自己的硕士论文研究课题了。他在和自己的导师麦克阿迪商量之后，决定将硕士论文的课题定为中国雨量研究。因为对于中国来说，雨量异常而造成的旱灾和洪灾，是中国最重要的自然灾害之一。然而这个课题研究起来却并不轻松，当时的中国气象科学可以说是从零开始，竺可桢没有任何相关的测量数据。于是竺可桢就想到可以借鉴其他国家的雨量研究成果，用他山之石来解决中国问题。于是，为了能够尽量多地掌握各个国家的雨量资料，竺可桢在 1915 年的上半年，用了整整半年的时间去各个图书馆查阅资料，去各个气象台考察、实习，忙得不亦乐乎。

兰山是靠近剑桥的一个气象实习点，也是竺可桢最常去的地方。有一段时间，他每天早晨从哈佛广场乘地铁到达兰山脚下，再用一小时爬到兰山山顶，整整工作一天再下山。在这座小山上，竺可桢熟练地操作着各类气象仪器，天气室、观测场、风向杆、百叶箱、放球室……获得了第一手的气象材料，使他的论文写作有了实际测量数据作为依据。每次离开兰山，竺可桢都忍不住要回头看一看，他憧憬着，自己的祖国也能有这样设备完善的气象台，也是在一座美丽的小山上。

直到这个时候，中国都还没有自己的气象台站网。虽然法国教会在1873年曾在徐家汇建立气象台，但这里所收集的气象情报却主要是为西方国家所用。竺可桢能用到的最新资料就是该台去年(1914年)编的《中国十一年来之雨量》(1900—1911年)。从这些资料里面，竺可桢发现，影响中国雨量多少和分布状况的因素有三个：季风强弱，地势高低和风暴路径。他将自己的研究成果写成了三篇论文，于1916年发表在美国的《每月天气评论》上，引起了当时美国气象学界的注意。接着，他又在《科学》第二卷第二期发表了《中国之雨量及风暴说》。

这些成果的取得同竺可桢的不懈努力是分不开的，也促使他向着气象学的高峰不断攀爬。1915年，竺可桢在哈佛大学研究生院获得了硕士学位，并开始继续攻读博士学位。

成立中国科学社

1915 年夏天，中国的留美学生办了一次聚会。竺可桢在这次聚会上又碰到了他的几个老朋友。任叔永、胡明复和赵元任。赵元任告诉竺可桢，他们组织了一个中国留美学生会科学社，现在的主要任务就是编辑《科学》月刊，在上海由朱少屏负责出版。今年 1 月份的第 1 期，已经收录了 11 篇文章和消息。他们希望竺可桢也能参加。竺可桢说：

“去年夏天，元任已经跟我说过这件事。我很愿意和你们一起干。只是咱们现在离得太远，不方便联系啊！”

任叔永笑着说：“你还不知道吧，我们很快就要来哈佛了，我的行李都已经到剑桥了！”

竺可桢高兴地说：“好啊！那咱们就一起努力，发展中国的现代科学！”

竺可桢对成立这样一个科学社团很感兴趣，但是他也考虑到运行社团存在着经济问题。于是就问赵元任：

“元任，这个社团的经费从哪里来？”

赵元任拍拍自己的肚子说：

“还不是从我自己这里省出来的。你看这几个月我都瘦了10斤了。我得从自己的奖学金里省出钱来支持社团的运转。”

“那怎么行！光靠我们有限的奖学金也成不了什么大气候。我看不如将留美学生科学社改名成中国科学社，这样就可以不仅仅局限在留学生的范围，只要是中国人就都能参加！”

“好主意！”

任叔永、胡明复、赵元任都对竺可桢竖起了大拇指。1915年10月25日，中国科学社在哈佛召开成立大会，宣告成立。任叔永担任社长，杨杏佛为编辑，竺可桢为《科学》月刊英文版的编委主席，并具体负责一年中4个月的编务。中国科学社，这个中国近代科学史上成立最早、影响最大的科技社团，以任叔永、竺可桢等人为核心在哈佛成立，它将为中国科学事业的发展做出重要贡献！

1916年9月2日，中国科学社的首次年会召开，竺可桢向年会提交了3篇文章，很多中国留学生都赶来参加，其中包括了在哈佛攻读的宋子文以及在韦尔斯利女子大学念书的宋美龄。这次年会也使中国科学社的影响越来越大，成为留美学生、学者注意的中心。

台风研究的新成果

1917 年，竺可桢因为研究成果突出，获得了艾默生奖学金。这使他有足够的资金去开展进一步的气象学研究，他决定再读三年，获得博士学位后再回国。他的导师华尔德教授看重竺可桢的才华，推荐他担任美国地理学会会员。

竺可桢和华尔德教授讨论博士论文的选题，决定进行远东台风的研究。竺可桢之所以要研究这个课题，主要的原因还是因为自己的故乡经常遭遇台风的袭击。台风到来的时候，破坏力非常大，房屋倒塌、农田冲毁、树木摧折……竺可桢一闭上眼睛就能想起这一幕幕悲惨的景象。为了能够掌握台风发生的规律，帮助人们减轻台风带来的伤害，竺可桢决定向这个课题发起冲击，要在半年多的时间里拿出像样的成果。

竺可桢开展研究的第一步就是从别人的经验中找出可以借鉴的内容。国外的专家对台风的研究已有一些成果，但还存在不完善之处。竺可桢指出：气象学家薛瓦利埃对台风的分类不够完善；气象学家阿拉哥对台风分类过于复杂；香港观象台台长多伯克对台风分类非常简明，但有明显的局限性。年轻的竺可桢科学而准确地指出其他专家的长处和不足之后，又在自己的博士论文中提出了远东台风的新分类。1918 年，他在论文《关于台风眼的若干新事实》中首次提出：台风眼里的温度强烈上升，是由于眼中强大的下沉气流所造成的。这一崭新的经典理论在今天已成为气象学界人人皆知的常识了。丰硕的研究成果使年轻的竺可桢成为当时台风研究的权威。

1918 年，竺可桢顺利地通过了博士论文答辩，拿到了他的博士学位。竺可桢的博士论文让参加答辩的学者赞叹不已。可以说，竺可桢对远东台风的研究已经走到了气象学界的前头。为了能够留住竺可桢这位人才，很多研究机构都热情欢迎竺可桢去进行超博士研究，即今天所谓的“博士后”。但此时竺可桢回国的决心已定，他想的是回到祖国有所作为，而不是利用这里良好的条件进行更进一步的研究工作。

回国！回国！

竺可桢完成了在美国的学习工作，获得了博士学位，打算尽快回到祖国的怀抱。这一天，他正在处理一些学校的事情，一对年轻的情侣闯进了他的宿舍。

“老同学，还记得我们吗？”

竺可桢仔细看看，拍着脑袋说：“原来是你们啊！什么风把你们给吹来了！”

这对年轻人男的叫邵元冲，女的叫张默君。邵元冲曾经和竺可桢有过半年的同学之情。这俩人是一对革命伴侣，很早就加入了同盟会，参加过很多革命运动。

“无事不登三宝殿，咱们到你这儿来自然有事啦！默君有个妹妹叫张侠魂，她可是一位奇女子！她敢开着飞机在天上飞。有一次，她在放降落伞的时候，围巾被飞机的机身挂住，她胆大心细，居然安全脱险，只是腿受了伤。我看你是搞气象的，她也是个敢上天的姑娘，你们俩挺配的！”

竺可桢被这个富有传奇色彩的女孩吸引了，就说：

“那我就和侠魂先通通信，互相了解一下，你们看呢？”

“好的,我看这是一段良缘!”

当天,邵元冲和张默君就给妹妹写了信,介绍了竺可桢的情况,还附了竺可桢的一张照片。不久,张侠魂也给竺可桢寄来了照片。从此以后,竺可桢就和这个从没见过面的姑娘用书信聊了起来。

回国的日子很快就到了。8 年了,竺可桢来美国留学已经整整 8 年了,在哈佛也度过了 5 年的时光。他即将离开这块让他收获丰硕知识的地方,回到日思夜想的祖国,用自己的才华去发展中国的气象事业。竺可桢漫步在剑桥的古老街道上,这里林木葱郁,繁花似锦。他心中既有淡淡的不舍,更多的还是涌动着回国的期盼之情。还有侠魂,竺可桢情不自禁地想起了照片上的那个姑娘。这么多年,竺可桢为了学业将爱情拒之门外。如今,他和侠魂用书信架起了爱的桥梁,几个月的通信已使他们心心相印,只等着竺可桢回去,让这朵绚丽的爱情之花结出累累的果实。

回国任教

竺可桢相信，争取真理和光明的道路不会是平坦的，我们总是要面对生活中的坎坷和挫折，但是只要坚持，就一定能到达胜利的顶峰。

我们会逐步收回海关测绘所并加强管理，收回我们的海关主权。中国土地上的气象机构，应该由中国人负责！

幸福订婚

张侠魂的父亲张伯纯，出身湖南湘乡的名门望族。可惜，张父中年病逝，家中又遭遇大火，家道中落。她的母亲何承徽曾在中国最早的女子学校——南京旅宁学堂当教员。侠魂姑娘出身书香世家，又受过良好的学校教育，毕业于上海女校。这一次，姐姐张默君为她和竺可桢牵线搭桥，她的心情非常激动。竺可桢在信里告之，他很快就要从美国坐船回到上海，张侠魂决定亲自到码头去接自己的心上人。

竺可桢乘着航船跨海渡洋，奔回祖国的怀抱。在那一段漫长的航海旅程中，竺可桢想到的是积贫积弱的国家，想到的是贫穷落后的家乡，想到的是在家乡生活困苦的亲人。当然，他还深深思念着那个和自己通信几个月的姑娘——张侠魂！侠魂，我回来了！你能认出我吗？你会来接我吗？

竺可桢的航船到达了上海的码头，张侠魂也早就等在了码头，等待着他的出现。侠魂挤在人群里，用力踮起了脚尖，看着下船的人们。看到了，那就是竺可桢！他个子虽然不高，但步伐沉稳而有力，眼神坚定而睿智。张侠魂一眼就认出了竺可桢。

竺可桢也在人群中寻找着张侠魂的身影,很快他就看到了侠魂,向着侠魂的方向奔了过去。照片里的那个女孩梳着长长的辫子,一双俏丽的大眼睛,现在这个女孩就站在自己的眼前。两个年轻恋人的心中有着千言万语要向对方倾诉,可此时却一句话也说不出来,他们就这样看着对方,眼中闪着激动的泪花。还是张侠魂的家里人提醒说:

“小姐,竺先生路上也累了,您还是先带竺先生回家休息吧!”

张侠魂这才回过神来,赶紧说:

“对,我们先回家,我母亲请你就住在舍下!”

两个年轻的恋人乘着车回到了张侠魂的家里。张侠魂的母亲何承徽准备了丰盛的饭菜为竺可桢接风。竺可桢在张宅住了下来,几天后,何承徽对竺可桢非常的满意,认为女儿找到了终身依靠。两个年轻人也情投意合,甜蜜幸福。

竺可桢与张侠魂一起讨论工作的事情。早在竺可桢回国之前,就有好几个单位向他发来了聘书。其中薪水最高的是上海海关的海关监督,其次是武昌高等师范学堂,再次是南京高等师范学堂。中国的海关从咸丰末年就被西方列强所把持,严重损害着中国的主权。他们还在沿海、沿江的通商口岸组织了气象网，窃取中国的气象情报。竺可桢最想做的就是夺回中国的气象主权，又怎么能为了高薪就去为海关效力呢？竺可桢希望能到高等学校去培养人才，挽救国家。张侠魂也同意竺可桢的看法，建议他去武昌高等师范学堂。

竺可桢安排好了工作的事，侠魂的母亲就催着两个人订婚了：

“可桢啊，你今年也不小了。你和侠魂感情好，就先订婚吧，这样我们做长辈的也放心！”

竺可桢和张侠魂听取了母亲的建议，先订婚。他们都是接受了新思想的青年人，反对传统的陋俗，只在家里摆了几桌酒，请了一些亲朋好友，举行了新式的订婚典礼。

回故乡，见亲人！

订婚之后的竺可桢，决定先回老家一趟，看看家乡的亲人，再同张侠魂一起去武昌。阔别8年之后再回故乡，竺可桢不必再像以前那样坐船了，他坐上火车，几小时就到了绍兴。

当竺可桢回到东关镇的时候，他眼前的家乡和记忆中的家乡大不一样了，家旁边的大木桥河变窄了，街边的一栋栋房子也变矮了，路上行走的乡亲也都不熟悉了。竺可桢不敢相信这儿就是他日思夜想的家乡。他很快走到了自家的门口，仔细地看着大门前自己儿时玩耍的青石板路。没错，这里就是当年的承茂米行了。只是现在这里什么也不卖了，冷清的家门口看不见一个大人，只有几个孩子用陌生的眼光看着他。

竺可桢走进了家门，堂屋里供着父亲、母亲、大哥、二哥的神主牌。他的眼泪止不住往下掉，跪在亲人的神主牌前，不停地说着："爹啊，儿子不孝啊！娘啊，儿子不孝啊！"竺可桢离家8年，4个亲人都离开了人世，他连最后一面也没见上，生活为什么对他这样残酷啊！大嫂和二嫂在后屋听到动静，赶到前面来，激动地喊着：

“阿熊，是你吗？你终于回来了！”

“大嫂、二嫂，是我。这些年让你们受苦了！”

“不苦，不苦，咱们的大博士回来了，一切都会好起来的！来，这是你二哥的儿子士芳、士俊！”

二嫂拉着两个孩子，一个八九岁，一个十二三岁，给竺可桢看：

“快叫三叔！”

两个孩子有点羞涩地看着这个陌生的三叔：

“三叔！”

“都长这么大了，我走的时候，士俊还在喝奶呢！大哥家的士楷怎么没看见？”

“他去学堂上学去了，晚上才能回来呢！可桢啊，你路上也辛苦了，快来喝口茶休息一下！”

大嫂体贴地说着。竺可桢将自己的工作打算以及和侠魂姑娘订婚的情况向两个嫂子说了。两位嫂子都很为三弟高兴。竺可桢看到家里的情况窘迫，决定资助士芳、士俊读书，还要将士楷带到武昌高等师范学堂去，让他在自己身边学习。两个嫂子听了之后，感动得流下了泪水：

“阿熊啊，你真关心家里人啊！”

第二天，竺可桢同家人一起去保驾山给父母扫墓。看着父母坟上的荒草，竺可桢感慨万千，当年自己出国之前来向母亲告别的时候，父亲还陪在自己的身边。没想到一去8年！如今自己回来，父亲已不在人世了。竺可桢拔去了坟上的荒草，又用鲜花编了一个花环敬献于坟前，久久不忍离去。

武昌高师的教学生涯

武昌高等师范学堂坐落于秀丽的珞珈山旁，这里湖光山色，景致优美，是中南地区一所著名的高等学府。这所高等学府拥有完善的教学设施，还有一大批经验丰富的老教师、学识广博的留学生在学校任教。竺可桢来到这里，真可谓如鱼得水。

竺可桢在该校担任地理学和气象学两门课程的教学任务。这两门课程在教材编写和教学体系建设等方面尚处于初期阶段，尤其是中国现代气象科学，对于中国的自然科学界来说，是一个全新的领域。竺可桢一开始走上教师的岗位，就面临着改革传统教材和开拓新的教学领域等方面的问题。

武汉的夏天可真热啊，它跟重庆、南京并称为中国的三大“火炉”。作为气象学家的竺可桢第一次受到如此炎热的酷暑煎熬。竺可桢什么都吃不下去，每天只能喝点稀饭。上课的任务也很紧张，为了能够上好课，几十天的时间里，竺可桢不分昼夜地编讲义、写讲稿，他要将自己所学的知识传授给祖国未来的建设者们。辛勤的汗水换来的是成功的喜悦，竺可桢写完了第一批讲义，开始在学校里上课了。竺可桢从学生的成长中获得了最大的满足。

教学工作忙忙碌碌，转眼间酷热的夏天过去了，秋天的高爽送来了舒适的气候。竺可桢的侄子竺士楷忙着读书求学，有时会来找最亲爱的三叔一起散步、聊天。这天，竺士楷从图书馆借了书，来到竺可桢的宿舍：

“三叔，天气不错，我们去爬珞珈山吧！”

“好啊！”

竺可桢看着窗外的绿树青山，欣然同意。叔侄两个从学校出发，闲适地登上了珞珈山。一路上，竺可桢对士楷说着不同的石头、泥土的特性，讲着花、草、树木同气候的关系。一路说说笑笑，十分开心。看着秀美的珞珈山，竺可桢想起了自己在剑桥经常攀登的兰山。在那里，有着齐全的气象设施，可以方便地获取各种气象数据。今天，我已经回到祖国，可是我什么时候才能在中国建起自己的气象站呢？

看着秋风摇动着树叶，竺可桢又想起了远方的张侠魂。竺可桢的内心有着深深的歉疚，为了国家、为了工作，竺可桢不得不和侠魂千里相望。什么时候才能将侠魂接到身边，好好地照顾她呢？

竺可桢站在珞珈山的山顶，想了很多很多。直到夕阳把天边的云彩映成了灿烂的粉红色，竺可桢才和士楷一起下了山，回到了学校。

1918 年冬天，第一次世界大战结束。然而，笼罩在中国上空的黑暗并没有结束。在第二年的巴黎和会上，西方列强没有将被德国夺去的山东还给中国，而是交给了日本，这样的做法激起了中国人民的愤怒。1919 年 5 月 4 日这天，北京 3000 多名进步青年高呼“外争国权，内除国贼”的口号，举行示威游行。五四运动的声浪传遍了全国，也影响到了武昌高等师范学堂。

在五四运动过程中，武昌高等师范学堂的学生们走在了全省的前头。学生们的爱国热情得到了校长的支持。“五四”运动所倡导的科学与民主也正是竺可桢一直以来的追求，他努力编写全新的授课讲义，还撰写了大量科普文章，用科学反对愚昧和黑暗，用行动改变陈旧的教育体系。虽然竺可桢的一系列努力得到了一些进步教师和学生的拥护，但是很多守旧的教师却不以为然。他们反对竺可桢的进步行动，在背后给竺可桢找麻烦、泼脏水，这些都让竺可桢很苦恼。竺可桢相信，争取真理和光明的道路不会是平坦的，我们总是要面对生活中的坎坷和挫折，但是只要坚持，就一定能到达胜利的顶峰。

漫步西子湖畔

1919年夏天，竺可桢带着侄子竺士楷来到杭州，拜访他的老同学赵德华。赵德华就住在西子湖畔的一个小院落里，这里环境清幽，风景宜人。竺可桢开玩笑说：

“老赵啊，你在这里真是享清福啊！我在武汉都快被烤熟啦！”

“怎么样，老同学？就在这边住上一段时间，咱们也可以多交流啊！”

赵德华热情周到地为竺可桢安排好了住宿的卧室，还有一间清雅的小书房。竺可桢和士楷就在这里住了下来。叔侄二人初到杭州，闲来无事总喜欢出去逛逛，这天午后，两人漫步在西子湖畔，观赏着西湖里的碧波荡漾，心情非常好。竺士楷忍不住吟起了苏东坡的诗歌《饮湖上初晴后雨》：

水光潋滟晴方好，山色空濛雨亦奇。

欲把西湖比西子，淡妆浓抹总相宜。

竺可桢听完之后，忍不住赞叹：

“真是好诗、好景啊！”

话音刚落，一阵凉风吹来，叔侄二人都觉得凉爽不少。竺可桢再抬头一看，一片乌云正从西山移来，灵隐、三天竺、天马山方向似乎已经有雨丝飘落，竺可桢赶紧喊侄儿：

“士楷，快走！要下雨了。”

叔侄俩赶紧跑进附近的一家农舍，豆大的雨点已经落了下来。竺可桢开玩笑说：

“士楷，都是你那首诗引来了这场雨啊！刚刚还是晴空万里，这一下就成烟雨迷蒙了！”

竺可桢和士楷一边说笑，一边在屋檐下看雨。雨渐渐地停了，竺可桢注意到这户农家正在挖一片方塘，土方工程已经进行了一大半，最深的地方已经挖到了一人多深，露出了古老的土层。竺可桢想去看看这个地方的地质情况，于是拉着士楷走到了积满雨水的泥塘边，分析地层构造。他还掏出了笔记本，一边观察，一边记录。

“三叔，你想干什么？”

“士楷，你看，这里全是冲积土。”

新的发现让竺可桢再也没有游湖的兴致了，他带着士楷在附近的乡村进行调查研究，耿家步、金沙港、黄泥岭、茅家埠，每到一个地方，竺可桢都会在他的笔记本上进行详细记录，一直忙到很晚才回家。第二天，竺可桢又带着士楷去调查杭州其他地方的土层情况，回来之后，士楷累得说不出话。竺可桢打来热水，关心地说：

“来，泡泡脚，睡一觉就没事了！我们的身体虽然很累，但我们收获了很多啊！明天我再带你去爬山，探究一下岩石的秘密。”

士楷理解三叔对气象地质学的痴迷，第二天又陪着竺可桢登上了杭州北边的葛岭和宝石山。这两座山的岩石都是粗面岩。还有灵隐寺里的飞来峰，它是由石灰岩构成，比葛岭和宝石山上的粗面岩更古老，大约生成于古生代石炭二叠纪，有3亿年的历史了。南面的石屋岭和九曜山，叔侄俩也爬过了。这两座山的组成岩石主要是石灰岩和砂岩。爬完了杭州的山，竺可桢又沿着钱塘江进行考察。一本笔记本记满了，又换了一本。竺可桢就是用这样一本又一本的笔记铺就了自己攀登科学高峰的道路。

喜结连理

竺可桢在武昌高等师范学堂工作的这段时间，张侠魂小姐因为工作原因没有来武汉。但两个人一直用书信传递着相互之间的深情厚谊。渐渐地，张侠魂从竺可桢的信里感觉到他事业和生活上的困难，他需要她的陪伴和照顾。张侠魂决定，要去竺可桢的身边，组成他们的小家庭。

1919 年的秋天，一个金风送爽的季节，张侠魂来到了武昌高等师范学堂。他们一边畅游武汉三镇，一边商量着他俩的将来，决定寒假的时候结婚。他们都不喜欢中国传统婚礼上的鼓乐花轿、三媒六证，他们要以最简单的方式组成爱的小家。所以，他们的婚礼要一切从简。张侠魂负责购置一些衣物和基本生活用品，竺可桢的任务就是在武汉找一套合适的住宅，布置好两人的新居。

房子很快就找好了，是一套位于石灰堰 4 号的住宅。这套房子不大不小，有卧室、客厅、书房、厨房、卫生间，大约五六间房子，正好适合这个小家庭居住。竺可桢还给侄子士楷留出一间房子。这栋小房子离学校很近，也非常安静，竺可桢很满意。寒假很快就到了,竺可桢安排好了家里的一切,动身去长沙迎娶张侠魂。

张侠魂有 10 个兄弟姐妹,但大多在外地工作,还有一些正在为国家的命运奔忙。所以张侠魂的母亲也赞同婚礼从简的想法。竺可桢来到长沙后,张侠魂的母亲将本城的亲友邀请到家中一聚。亲友们都对这对恩爱的小夫妻表达了深深的祝福。就这样,两个深情的恋人终于走到了一起!

结婚之后,一个人的单身生活就变成了两个人甚至更多人在一起的家庭生活。他们有了自己的小家,也要共同面对生活中的困难。张侠魂是最合格的贤内助,她满怀热情地安排好家中的一切,让竺可桢全心全意地投入到气象科学的研究中去。

寒假结束后,又一批竺可桢的学生将要毕业,竺可桢却感到有些烦闷。为了能让学生锻炼动手能力,竺可桢想在校园里搞个测候所,但是很多和竺可桢合不来的教师却处处阻挠,让竺可桢苦不堪言。

他感到在武昌高等师范学堂里很难实现自己教育和科研的理想。

张侠魂看出了竺可桢的烦恼。她买来了竺可桢最喜欢吃的枇杷和樱桃,陪着竺可桢登珞珈山散心。看到竺可桢郁郁寡欢的样子，她忍不住心疼地握着丈夫的手说：

“可桢，工作上不顺心，咱们就去其他地方。”

“侠魂，我也想走，可是校长对我不错，学校也挺需要我……”

“可是在这里，你永远也实现不了你的理想。听说南京高等师范学堂的校长郭秉文是个很开通的人，教务长陶行知也积极推行教育改革。去南京高等师范学堂工作，应该是个不错的选择！这也是更好地为国家服务啊！”

听了张侠魂的建议，竺可桢放下包袱，下定了决心。两个人边走边聊，走得累了，就在树荫下休息。张侠魂羞涩地看着竺可桢，满脸通红地说：

“可桢，你很快就要当爸爸了！”

听到张侠魂的话，竺可桢好像呆住了一般，一时间他有点不明白妻子的意思。

“侠魂，你有孩子啦！”

竺可桢紧紧握住了妻子的手，一股幸福的暖流从两个人的手心传到心里。竺可桢高兴极了，他小心地扶起了妻子，关切地说：

“你觉得怎么样？累不累？咱们还是回去休息吧！”

“没那么娇气，现在多走走，对身体有好处。”

接下来的日子里，竺可桢联系了在南京高等师范学堂工作的朋友，表达了自己愿意去那边工作的心意。校长郭秉文早就听说了竺可桢的大名，十分欢迎竺可桢的加入。竺可桢又请朋友帮忙在南京租一套适宜的住房，老朋友胡刚复很快就为他在马府街鸡鸣寺3号找好了一套住宅。此外，竺可桢也去了武昌高等师范学堂校长的家中，表达了深深的歉意。校长知道竺可桢是一定要走的，就说：

“竺先生，你在我校任教两年来，做了不少事，我代表武昌高等师范学堂感谢你。虽然你离开了这里，但我还是希望以后能多多交流合作。”

竺可桢要走了，很多关系好的教师觉得很惋惜，还有一些学生，崇敬竺可桢的学问，也要和他一起去南京高等师范学堂，给他当助教。竺可桢选择了其中最优秀的鲁立刚跟随自己一起走。

“黄鹤一去不复返，白云千载空悠悠。”吟着崔颢的《黄鹤楼》，竺可桢踏上了去往南京的航船。走上了航船的舷梯，竺可桢扶着怀孕的妻子，向着送别的朋友、向着武昌高等师范学堂、向着武汉，挥手告别！

再见！武汉！

南京高师展才华

竺可桢乘坐的轮船到达南京的码头，胡刚复已经等候多时了。胡刚复是南京高等师范学堂的物理系教授，同时还兼任中国科学社图书馆馆长。胡刚复一见到竺可桢，就紧紧地握住了他的手说：

“竺可桢先生，您好，今后我还要多向您学习啊！”

竺可桢说：

“客气了，我还要多谢您给我的帮助呢！”

胡刚复用车子将竺可桢一家人直接送到了鸡鸣寺 3 号的住所，竺可桢夫妇对这里非常满意。竺可桢想第二天就去南京高等师范学堂报到并开展工作，胡刚复劝他再休息两天，工作都已经安排好了。竺可桢将在南京高等师范学堂的文史地部担任气象学教师，在数理化部教授微积分，在农科部教授地质学。

南京高等师范学堂的历史比武昌高等师范学堂还要早些，前身是光绪二十八年(1902 年)创立的三江师范学堂，是我国南方最早的高等学校之一。南京高等师范学堂学者云集、学术氛围浓厚，十分符合竺可桢的愿望和要求。竺可桢抓住了南京高等师范学堂的发展机遇，改造了过去史地教学的课程设置，开辟了气象科学和地理学教育的新领域。他在南京高等师范学堂建立了中国大学中的第一个地学系，包括地理、气象、地质、矿产四个专业。其中，气象专业属全国首开。竺可桢在地学系开设的课程有地学通论、气象学、地质学、古生物学、中国地理、世界地理、世界气候、矿物学、地形测量学、地图学、历史地质学和地质考察等。竺可桢亲自教授地学通论、气象学、世界地理和世界气候。很快，地学系吸引了大批学生的加入，培养了一大批专业性人才。这些成绩使南京高等师范学堂地学系与北大的地理系齐名，成为中国培养地质气象学家的摇篮。

孩子的降生

在南京东南大学校园东侧，有一座梅庵，庵内有一棵苍翠遒劲的古松，古松前的一块空地，视野开阔。竺可桢准备在这里建一个像样的气象测候所，既能用于教学，又能积累科研资料，方便科学研究和中外学术交流。冬去春来，在竺可桢的努力下，设在梅庵的气象测候所差不多建设成功了，百叶箱已经装好，风向杆也架设完成。竺可桢抚摸着这些仪器，就好像抚摸着自己的孩子，这都是他心血的结晶啊！妻子侠魂也快要生产了，最近她的行动越来越不方便，不然她一定会来陪着自己安装这些仪器的。

竺可桢正在沉思的时候，竺士楷兴冲冲地跑了进来。

“三叔，您过来！”

士楷在竺可桢的耳边悄悄地说了几句话。竺可桢喜上眉梢，拿起外套，对着还在干活的同事和学生说：

“家中有事，先走一步！”

说完就赶紧拉着士楷回家。原来竺可桢的妻子张侠魂就要生产了！竺可桢赶回家，张侠魂正强忍着阵痛等待丈夫回来。竺可桢扶着妻子上车去医院，一边还不住地说着："很疼吧！马上就到医院了！"一家人赶到医院，侠魂被推进了产房，竺可桢在产房外坐立不安。他不停地来回走着，听着产房里妻子痛苦的声音，他的内心焦急万分。

"哇……"

一声婴儿的啼哭让全世界都安静下来！竺可桢的心也放了下来。听到这婴儿的啼哭声，竺可桢好像听到了世界上最美妙的音乐一般，那么神奇！那么动人！过了一会儿，护士将侠魂和孩子推出产房，送到了病房，笑呵呵地对竺可桢说：

"母子平安！母子平安！"

看着襁褓中的孩子沉沉地睡着，脸上似乎还有些满足的笑意，一种幸福的感觉在竺可桢的心里慢慢散开——我当爸爸了！这是我的孩子，更是我们国家和民族的孩子，他们的未来是要为振兴中华而奋斗！竺可桢和张侠魂商量，就给儿子取名叫竺津，字希文。

小希文的降生，给竺可桢的小家庭带来了无数的欢笑和温馨。与此同时，竺可桢的气象事业也发展得非常顺利。他自己主编的《史地学报》正式出版，梅庵的气象测候所也顺利建成。特别是这个气象测候所，它的仪器设备先进，同外国人设在大连、青岛、上海徐家汇、香港等地的观测所里的仪器比起来，一点也不差。从武汉跟随自己来南京的学生鲁立刚，协助竺可桢进行相关的气象观测，定期印发气候报告，成为中国气象科学的一块金字招牌。

除此之外，竺可桢还详细地记录了南京的物候状况，从玄武湖的樱桃到梅庵的梅花，从灵谷寺的牡丹到太平门的桃李，还有燕子、布谷鸟、大雁，都为竺可桢和他的学生提供了丰富的研究材料。竺可桢为南京气象科学的发展带来了生机和活力，为中国气象科学培养了众多人才。

1922 年 6 月 2 日，竺可桢的小家庭又增加了一名小成员。妻子张侠魂又生下一个女孩，刚刚一岁半的小竺津又多了一个可爱的妹妹。竺可桢非常喜欢梅庵里的梅花，就给这个小宝贝取名为竺梅。

这一年的春天，也是竺可桢在中国气象科学和地理科学方面收获颇丰的一个春天。他的重要地理学著作《地学通论》此时出版，这是一部将世界近代地理科学引入中国的重要学术著作。除了《地学通论》，竺可桢还出版了气象科学著作《气象学》，翻译了马东的作品《地理学教程》，与人合译了汤姆逊的《科学概论》，并发表了 15 篇学术文章。

1924 年夏天，南京鸡鸣寺 3 号竺可桢的家里又传来了婴儿的啼哭声，那是竺可桢和张侠魂的第三个孩子，一个可爱的男孩。他们为他取名竺衡，字希平。

这一天，竺可桢家来了一对稀客，他们是竺可桢夫妇的红娘——邵元冲和张默君。竺可桢和张侠魂能够喜结良缘还多亏了这一对月老。邵元冲和张默君帮着别人成就了婚事，自己却迟迟不能相聚，因为他们一直忙于国民革命的事业，美国、德国、苏联都留下了他们忙碌的身影。直到最近邵元冲回国，这一对相爱多年的伴侣才终成眷属。

竺可桢热情地欢迎他们的到来，张默君急着问妹妹的情况。竺可桢说一切安好，并带张默君到侠魂的卧室里，让她们姐妹俩待在一起，叙叙姐妹情深。张侠魂此时生完孩子没多长时间，还在卧床休息。她躺在床上，握着姐姐的手，抱歉地说：

"二姐，我和可桢是你们介绍的。如今，你和姐夫大婚，我却没有办法去参加你们的婚礼，你不怪我吧？"

"妹妹，姐妹之间还用得着这么说吗？再说，妹夫能来不也是一样么？"

卧室门外，三岁半的小竺津领着小妹妹竺梅一边喊着妈妈，一边跑了进来。侠魂赶忙把两个孩子喊到身边，说：

"竺津，梅梅，快来叫二姨！"

两个小宝贝一点也不认生，小嘴儿甜甜地叫“二姨！”张默君高兴地把两个孩子搂在了怀里：

“真是能干的孩子。来，二姨这里给你们带了好吃的！”

说着就从包里拿出糖果和饼干给孩子。张默君、张侠魂，这两个久别相聚的姐妹，和孩子们一起幸福地享受着亲情的温暖。

竺可桢则把姐夫邵元冲带到了自己的书房，两个中国的好男儿不约而同地谈起了国家的命运。竺可桢说：

“现在，各派军阀混战，北京政府又换来换去，没有一个能建设好国家的，都是靠着西方列强的势力，欺压中国的百姓。”

邵元冲也无奈地摇摇头：

“是啊！国家多难，民族不幸啊！不过，可桢，南方的革命军还是值得信赖的。如今黄埔军校成立，这是我们中国的希望所在。过段时间，我就要去广州，筹备中山学院了。形势总是会越来越好的！”

“希望一切都像你说的吧！”

“可桢，你在教育界，教育是一个国家的根本，现在中国的高等教育情况怎么样啊？”

“改革的阻力很大。总会有一些守旧的势力进行阻挠！

但我还是有信心的，因为我们有那么多可爱的学生，他们都是一心为了国家的青年！”

邵元冲随手翻开了桌上的《南宋时代我国气候之揣测》，不禁赞叹起来：

“可桢，你们搞自然科学的真是厉害，千百年前的气候也知道！多年以后的气候也在你的掌握之中啊！”

“哪里！哪里！这都是老祖宗给我们留下的资料，我只是整理一下。我们中华民族有多少宝贵的文化遗产啊，我真不忍心看着这些东西被别人破坏！”

“是啊，这是我们每一个中国人肩上的责任！”

邵元冲、张默君夫妇在竺可桢家里住了几天之后，就急着要回家工作了。张侠魂和张默君姐妹俩依依不舍地拉着手：

“二姐，有时间还要过来啊！”

“侠魂，你好好休息，我会过来看你的！”

编译百科全书

竺士楷这些年一直跟在竺可桢的身边，在三叔的身上学到了很多东西。竺可桢让士楷报考南京河海工科大学，并且帮助他一起复习。竺士楷也非常争气，顺利地考上了南京河海工科大学。竺可桢的心里十分高兴。他总算对得起早逝的大哥和在东关镇守寡的大嫂。考上学校后，士楷觉得假期无事，可以回家看看，就对竺可桢说：

“三叔，我想回家，看我娘。”

竺可桢也非常想念家乡的嫂子、姐姐们，但一想到士楷的基础差，成绩也不是很好，就劝他说：

“士楷，我知道你想家了，只是你的底子不太好，河海大学的课程又紧，你现在如果不预习一下，等开学了可能会跟不上。你乘着假期把有些习题先做一做，开学后就不慌了。”士楷听了三叔的话，假期没有回去，而是专注于学业，也取得了很大的进步。

此时竺可桢在学校的事业却受到了影响。当初诚恳邀请竺可桢过来的校长郭秉文对学校事务的处理偏听偏信，为了一些经济利益而出卖大学的尊严，引起了学生和一部分教师的不满。竺可桢更是看不惯这样的校长作风。郭秉文为了排除异己，还独断专行地将竺可桢的哈佛校友杨杏佛辞退。大学内部的权利斗争让纯净的象牙塔变成了黑暗的角斗场。对这一切，竺可桢非常看不惯。他不想参与到任何的利益斗争中，他只想专注于气象科学的研究和专业人才的培养。可是，看到学生们整天无所事事地四处闲逛，学术工作无法开展，自己辛辛苦苦建成的地学系成了一盘散沙，竺可桢的心情糟糕透顶。

“这个地方，我实在待不下去了！”

回到家的竺可桢无力地坐在了沙发上，向妻子倾诉着内心的痛苦。张侠魂善解人意地为竺可桢端来一杯清茶：

“先喝点茶。要我说，既然待不下去就离开。大丈夫哪里闯不出一番事业来！”

听了妻子的话，竺可桢的心里豁然开朗，他果断地向校长递上了辞呈，离开了这个曾经让他热血沸腾的地方。得知竺可桢辞职的消息后，学校里的很多学生、老师都来找他，请他回去。竺可桢实在不忍心伤他们的心。在家考虑了几天，终于答应回校讲完本学期的课程。除此之外，自己对学校中的其他事情一概不管。竺可桢在讲授完本学期的课程之后，便去往上海寻找新的发展道路了。

1925 年,竺可桢离开南京,去往上海。这一次,他只带上了侠魂夫人和刚满 1 岁的小儿子竺衡同行。士楷、津津、梅儿和佣人仍然留在南京的家里。

竺可桢在武昌高等师范学堂和南京高等师范学堂的两次工作经历都不是很成功,这次到上海,他决定不再去大学工作,而是到商务印书馆进行编辑和翻译工作。早在竺可桢还在南京之时,商务印书馆的王云五就邀请他出任《国际百科全书》的主持人。王云五对竺可桢说:

“竺先生,编译《国际百科全书》是一项具有重要价值的文化工作,这次请您出山,是想编出高质量的精品啊。”

“王先生,以前在大学我只能将我的知识讲授给一小部分人。这次有幸能来编辑这套书籍,能将最新的科学文化知识介绍给全中国的人,意义很大啊!”

竺可桢很快就全面接手了《国际百科全书》的编审工作,并担任《国际百科全书》的编辑室主任。除了主持全书的编务工作之外,他还要负责史地方面书籍的编写。因此,每天都工作到很晚。编书之余,他还十分关心社会动向,希望能用自己的专业知识为国家做点事。

一天晚上,张侠魂看报纸,读到了自己的家乡湖南大旱,便说:“可桢,湖南省又闹旱灾了,老百姓又要受苦了!”

“中国这么大,这些自然灾害总是躲不了啊!”

“唉,可是那些官员不是带着人民抗灾,而是花钱请神求雨,这真是太荒唐了!”

“现代的自然科学已经发展到今天,中国的这些官员还这么愚昧落后,中国怎么能发展!”

气愤的竺可桢拍着桌子说,心中的怒火不能平息。他顺手拿起桌子上的笔就写了一篇《论祈雨禁屠与旱灾》,指出中国请神求雨行为的荒唐可笑。同时,竺可桢还分析了我国雨情的特点,指出因为我国的雨量变率大于欧美各个国家,所以经常会发生旱灾。解决的方法是利用气象科学知识,采取合理的预防措施,才能减轻灾害对社会财产的破坏。不管是在何时,竺可桢的心都是和国家、和社会紧密联系在一起的。

商务印书馆的《国际百科全书》的编译工作即将完成,竺可桢开始考虑要继续在气象科学和地质科学方面进行深入研究。恰在此时,南开大学校长张伯苓专程到上海来找竺可桢。他一见到竺可桢,就真诚地说:

“竺先生,我这次是专程来请您的!南开大学是私立学校,目前我们已经邀请了一批有才华的学者。竺先生如愿前来，我们更是如虎添翼啊！”

竺可桢早就听说南开大学的学术氛围不错。另外，因为是私立学校，所以在科研方面比较自由，可以安心做学问。可是竺可桢考虑到自己的家庭和朋友，就坦率地对张伯苓说：

“南开大学是个好学校。可是，我的家在这边，还有很多的好友不舍得分开啊！”

“竺先生，我很能理解你的心情！这样吧，您可以先去南开工作一年，如果不满意就离开，我绝不强留。学校也会对您的各项学术活动全力支持，您看行不行。先生啊，我这次请不到您是不会回去的！”

面对张伯苓诚心诚意的邀请，竺可桢再也没有拒绝的理由。他答应等商务印书馆的《国际百科全书》的编译工作结束，就去南开大学赴任。张伯苓得到了这样的回复，心满意足地回天津了。

商务印书馆的《国际百科全书》编好之后，竺可桢和夫人张侠魂商量去天津的事情。张侠魂说：

“你干的工作我都支持。只是你在去天津之前，我们去看看二姐吧，她现在一个人在南京，真是挺不容易的！”

张侠魂的二姐张默君已经42岁了，自从结婚以后，她就想要个孩子。好不容易怀孕了，又为革命四处奔忙，根本没时间休养身体，结果产下一个死婴。这件事对张默君和邵元冲夫妇的打击很大。张默君生完孩子后就回到了南京的家里，丈夫又去广州继续干革命工作了，一个人在家的张默君心情很压抑。

竺可桢为了满足妻子的心愿，带着一家人来到了张默君的家。张默君见到妹妹一家过来，非常高兴。拉着妹妹的手说：

"妹妹啊，妹夫马上要去天津了，我现在一个人在家。你没事带着孩子常过来！"

竺可桢赶紧说：

"是啊，我走了之后，侠魂还要请二姐多照顾呢！"

竺可桢知道，要想冲淡张默君悲伤和难受的心情，最好的方法就是给她找点事情干干。张默君果然笑着说：

"妹夫，你就放心去吧，侠魂这边有我呢！"

从张默君家回来，张侠魂就开始为竺可桢打点行装。衣服从厚的到薄的、从衬衫到毛衣，张侠魂都一件件地安排妥当。这次分别的时间长、距离远，两个人的心里都有着很多的不舍。但是为了丈夫的事业，坚强的张侠魂没有掉一滴眼泪，她带着三个孩子送丈夫安心地远行。

南开大学的新生活

竺可桢来到南开大学地理系，校长张伯苓热情欢迎，还召集全系的师生举行了欢迎会，欢迎这位中国的气象专家。在欢迎会上，张伯苓激动地说：

“各位同仁、各位同学！竺先生是毕业于哈佛的高材生，他回国从事地理、气象教学已有8年，在武昌高等师范学堂和南京高等师范学堂等著名大学主持过地理、气象教学。他还创作了大量的学术著作和科普文章，在国际气象界也有广泛的影响。今天，竺先生来了，就是要和大家一起建设好地理系、建设好南开大学！”

会场上，掌声如雷鸣般响起，大家都在用热情和崇敬欢迎这位学者、教授和导师。

南开大学是1919年在南开中学的基础上建立的。大学刚刚建成时，只有12个毕业生，条件艰苦。但是经过这几年的奋斗，张伯苓校长已经带着他的南开大学向着全国名校靠拢了，这一点让竺可桢非常佩服。同时，竺可桢还感觉到南开大学的内部氛围很和谐，校长和教授之间、教师和学生之间，感情很融洽，没有什么利益纷争。南开大学既是一所很好的高等学府，也是一个友好的大家庭。在这里教书、育人、为学，竺可桢感觉十分舒心。

为了能使自己的课程充实、实用，竺可桢考虑在原有讲义的基础上再增加一些当地内容，增强地方特色。于是，他在授课之余，阅读并搜集《天津府志》等地方材料，还引入一些乡土教材的内容，这些准备工作使得他的课程内容变得十分丰富，学生也有兴趣听了。同时，他还将自己搜集的地方资料用于学术研究，写成了学术论文《直隶的地理环境和水灾》。在文章中，竺可桢举了 1917 年永定河洪水泛滥的例子。这次水灾有 2 万多个村庄被淹没，620 万人无家可归。造成直隶水灾多的原因主要有三个，那就是气候、地势和地质。同时，他还统计了公元 1 世纪以来中国 18 个省大大小小的水灾次数，最多的是河南省 173 次，其他有直隶 164 次，江苏 151 次，山东 118 次，安徽 115 次，浙江 104 次。

竺可桢讲课总是能够引经据典、说古论今，抓住学生的兴趣点，透彻地讲解各种理论问题与实际问题。不仅南开大学地理系的学生们听得津津有味，其他专业的学生也经常过来蹭课。学生们经常私下议论，评价竺可桢的课是：教授讲课，非同一般！

竺可桢在南开大学开展的学术研究在国际上的影响也越来越大。1926 年,在日本举行的第三次太平洋会议邀请竺可桢参加。日本政府十分重视这次会议,并为会议的召开做了周到的准备。本次太平洋大会的会期是 1926 年 10 月 30 日到 11 月 11 日,但日本政府从 10 月 18 日就开始接待各国科学家,一直到 11 月 19 日送离日本,整个招待周期大约有 1 个月。

日本政府为科学家们安排的宾馆是东京最高级的帝国饭店。会议期间,日本天皇在皇宫举行隆重的宴会,各个官方机构和学术团体也举行了多场宴会、戏剧演出和专场音乐会。日本各处的风景名胜和科研设施,都对参加会议的科学家们开放,从北海道到四国、九州,科学家们可以根据自己的兴趣和专业,分成各种小组去游览。可见这次太平洋会议的招待规格非常之高。竺可桢关心的却不是这些,他关心的是自己提交大会的学术论文是否具有国际效应。

毫无疑问,竺可桢的论文引起了很大的反响。日本中央观象台台长冈田武松教授十分佩服竺可桢的研究成果。竺可桢一讲完,他就激动地站起来鼓掌,还表示将在以后的工作中参考论文的观点,同时他还邀请竺可桢去参观日本的中央观象台。竺可桢和一起参加会议的几名气象学家参观了日本的中央观象台和一些基层台站，看到了地磁、地震仪等先进的科研设备。竺可桢在参观的过程中，感受到了中国的气象站建设同日本的差距，下决心一定要在中国建成世界一流的气象观测站。

太平洋大会一结束，竺可桢就急着赶回了南开大学，连家也来不及回，因为在那里还有很多学生在等着他。很快，南开大学放寒假了，竺可桢赶紧回到南京的家里。张侠魂把全家人都照顾得很好，孩子们没有生病，还都长高了不少。竺可桢把带回来的新年礼物分送给了每一个孩子，又拿出一个盒子递给了妻子：

“侠魂，这半年我不在家，你辛苦了！这是给你买的礼物！”

“可桢，只要孩子们和你都好，我就最开心了！盒子里是什么好东西啊？”

“你打开看看！”

张侠魂打开盒子，里面是一条大红色的围巾。

“你的皮肤白，我想红色最适合你。我给你围上，看看怎么样！”

知道竺可桢回家了，竺士楷从学校的宿舍赶到三叔家里，

“三叔，这是我今年的成绩单。您看看！另外，还有半年我就要毕业工作了，今年我想回家陪陪娘。毕业以后，我要是在外地找了工作，回家就不容易了。”

竺可桢很理解侄子的心情，点着头说：

“是的，你该回去陪陪你的母亲了。过几天，我再陪你上街买点东西，我回不了老家，你帮我把东西带给你的母亲和你姑姑吧。另外过年的时候，别忘了到爷爷、奶奶的坟上祭扫一下。”

竺可桢回到南京，和家人过了一个祥和安定的春节。而在此时，这个小家庭之外的中国社会却并不平静。北伐军在南方节节胜利，战线移到了苏、浙、皖地区，南京、上海、杭州一带，武装起义不断发生，战火纷飞，局势不稳。张侠魂劝竺可桢不要回南开了，

“可桢，现在外面这么乱，我和孩子在家都担心你啊！你就不要去天津了。另外以前地学系的同事也经常来问你的情况，希望你能回来呢！”

“侠魂，做人要讲信用。我和南开大学的校长张伯苓约好了一年之期，我现在回来对不起张校长，也对不起南开大学的学生。等这一年干完再说吧！”

过完年，竺可桢便收拾好东西，告别了挚爱的妻子儿女，

回到了天津。新学期开始之后，竺可桢又开始忙碌了，选修竺可桢课程的学生也更多了。张伯苓非常重视地理、气象课程，希望竺可桢能为学校的地理系打好基础。他决定拨出专门的款项，为南开大学建设一个标准的气象测候所，竺可桢向法国订购了成套先进的气象仪器。接下来，竺可桢全身心投入到气象测候所的建设中去，调适设备、训练专业人才，忙得不亦乐乎。

此时，南方的局势更加混乱，国共两党分裂，上海发生“四·一二”惨案。接着，又出现了武汉、南京两个政府。竺可桢一边在南开大学忙于工作，一边担心妻子和孩子们的安全，心急如焚。竺可桢真的希望赶紧将南开大学的地理系建设好，让更多的学生受益，自己也可以回到南京的家里，和妻子儿女待在一起。

组建中央气象台

1927年夏，北伐战争胜利，国民党宣告全国统一，定都南京。竺可桢也完成了南开大学的工作，回到了南京。此时，南京高等师范大学已更名为第四中山大学，归属于大学院管理。政府没有设立教育部，教育部的职能就由大学院行使。大学院的院长是蔡元培，他主要负责国家的科学和教育工作。竺可桢对蔡元培十分敬重，欣然同意继续承担第四中山大学地学系的工作，担任第四中山大学的地学系主任。

历经人世沉浮后，竺可桢又回到当年的地学系，亲自主持教学工作。当年和竺可桢一起工作的教授、讲师们也都意气风发，希望能够重振地学系的光辉历史。竺可桢用手中的笔写出了《第四中山大学地学系之前途》，可是文章还没写完，学校又改名为江苏大学，很快又改名为中央大学。竺可桢的这篇文章也只得两次改名才得以发表。蔡元培任院长的大学院后来也更名为教育部，可见当时中国教育领域的变化是十分迅速的。

1927年初冬，大学院院长蔡元培聘请高鲁和竺可桢为中央观象台筹备委员会常务委员。高鲁主持行政组，竺可桢主持研究组，准备进行天文、气象、地震、地磁等四个方面的工作。竺可桢一边忙教学，一边主持中央观象台的筹备工作。仅仅过了一个月，中央观象台的气象测候所就于 1928 年 1 月 1 日正式进行观测记录了。

1928 年 2 月，蔡元培院长又将观象台分为天文和气象两个研究所，竺可桢担任气象研究所主任。气象台设在成贤街大学院的花园里，但这里不是很宽敞，并不适宜设立观测场。为了让观测效果达到最好，竺可桢跑遍了南京城，希望能找到更好的观测点。

经过实地考察，竺可桢认为钦天山是个比较理想的地点，那里地势高、视野开阔。为此，竺可桢和首都市政局进行了多次交涉，终于要来了钦天山，中央研究院可以在这里建立气象台了。

春天到了，天气和暖，竺可桢设在钦天山上气象台里的气象设备也安装得差不多了。杨杏佛从上海回南京，见到竺可桢，提出要去参观一下气象台。

“竺兄，你真是不简单啊，给研究所要来了一座山啊！”

竺可桢笑着说：

“哪里，这不还是靠各位朋友的帮助吗？现在仪器都安装得差不多了，全是世界先进水平的设备。”

杨杏佛看着眼前崭新的雨量计、测风仪和雪白的百叶箱，不禁大加赞叹：

“真是不错，这么快就要把气象所建成了！听说这些仪器都是从法国和德国买回来的，怎么这么快就运过来啦？”

“山人自有妙计！”

“什么好计策，说来听听！”

“要想从法国、德国订货，隔着十万八千里，哪能这么快建成？这些仪器都是我借的。去年，我在南开大学工作的时候，张伯苓校长曾经拨出专款用于建立一个标准测候所。如今，这边的气象所一成立，我就联系张校长，请他帮忙，先把仪器给我们用。张校长果然把仪器给我们寄来了，自己却要去重新购买。”

杨杏佛感慨地说：

“张伯苓真是个好校长啊！”

“杏佛，还要请你到院部催一催，尽快把仪器款给南开大学汇过去啊！”

竺可桢还不忘提醒杨杏佛这件重要的事。

“当然！当然！”杨杏佛一口答应。又说：

“你也要加快建设速度，等你完全建好后，我还要来学习取经啊！”

修缮北极阁

整个春天，竺可桢都在地学系和气象所之间忙碌着。家里的大事小事他也不忘关心照顾，特别是三个孩子，只要一有空，竺可桢就会陪着他们一起玩，有时还教他们背诵一些简单的唐诗：“《春晓》，孟浩然。”

“春眠不觉晓，处处闻啼鸟。夜来风雨声，花落知多少。”

三个孩子都非常聪明，竺津和竺梅已经能够轻松地背诵很多首唐诗了，最小的弟弟竺衡也会摇着小脑袋跟着哥哥、姐姐一起念。每当这个时候，竺可桢总会想到自己的父亲和母亲，他们在自己年幼的时候也是这样耐心地教自己识字、背诗。现在自己做了父亲，怎能不多给孩子一些关爱呢？只是平时工作太忙，没能好好陪陪孩子。竺可桢总是想：等有空了，我一定要带着孩子们去玄武湖划船。

竺可桢的侄子竺士楷这个时候也已经毕业了。这孩子这些年一直跟在自己身边，和大哥年轻时一样能干而懂事。如今他已找好了工作，就要离开自己了，希望他能好好干工作，早日有出息！工作和家庭生活的双重压力，让竺可桢感到很辛苦，这也让张侠魂十分心疼，忍不住劝说竺可桢：

“可桢，你这样两头忙，身体怎么受得了？不然就把学校的事放一放，辞掉那边的工作吧！”

“这样当然好，但这不是一下子的工夫，等我再把那边的事情安排一下，找到合适的系主任再说！”

5 月 19 号，竺可桢同新锡记营造厂签订合同，建造气象台。气象台的建设工程，招标 1 个多月，最后新锡记营造厂以 1.59 万两白银中标，期限是 5 个月。除了气象台之外，还需要建设一些房屋，同时还要修建围墙，铺上水泥路。根据预算，总造价大约需要白银 2.35 万两。这其中，一个最大的难题就是修缮北极阁道观。

北极阁道观从明代以来就是观象台，它的气象观测的历史，可以追溯到公元 5 世纪南北朝的刘宋时期。明代是这个观象台最繁盛的时候。那时，它的观测仪器精良，堪称世界第一，就连西方人也叹为观止。《利玛窦来华始末记》曾经记载：利玛窦见到钦天山观象台的仪器时“极叹美之”，认为中国的气象科学具有很高的水平。竺可桢的想法就是以北极阁作为气象台的观象台，这样既省事省钱，又方便快捷。只是，现在这座道观年久失修，木头腐朽，楼板虫蛀，虽然勉强有一个完整外观，实际上已经是一座危楼，不能登临，还需要进行必要的修缮改造工作。现在，北极阁下面的破屋里关押着100多名直鲁军的俘虏，大殿里还住着一个年已古稀的道士。必须让这些俘虏和这名老道士搬走，气象台的建设工程才能开始。

竺可桢亲自找到这位老道士，诚恳地对道人说：

“老先生啊，自从明代以来，北极阁就是观象台，清代以后荒废了，现在我们要重新建设。请您受点委屈，能否搬到山下去住啊？”

老道士有些犹豫：

“我在这里住了几十年啦，生活来源也全靠这座道观和山下的施主。我要是搬走了，生活怎么办啊？”

“老先生，您放心！您的困难政府都知道。我们为您在山下搭一座小房子，而且山上的柴草也都归您。生活方面不会有问题！”

老道士的生活有了保障，也就不反对搬走了。他收拾了简单的生活用品就离开了大殿。老道士的困难解决了，竺可桢又想办法打发那100多名俘虏兵。竺可桢请院部发函与军事委员会商量，对方很爽快地答应了。但当时的政府机构官僚作风严重，命令的下达和执行总是要拖很长时间。为了能够尽快实施建设气象台的工程，竺可桢决定动用私人关系。他想了半天,就只有五姐他们能帮忙了。

他赶紧开车回家,一进屋就对张侠魂说:

"侠魂,你准备一下,我们去看看五姐!"

"你这个大忙人今天怎么有空去串门啊！一定是找姐姐有事吧!"

"我也要去!""我也去!"

梅梅和弟弟衡儿听说爸爸妈妈要去五姨家,高兴地在旁边叫着。竺可桢轻轻地抱起了梅梅,亲着她的小脸蛋说:

"好的,咱们的梅梅一起去!"

竺可桢的五姐夫蒋作宾积极参加北伐、出生入死,是北伐的功臣。北伐胜利后又当了陆军次长,对部队比较熟,找到他应该能很快地解决俘虏问题。

竺可桢一家来到了蒋作宾家,侠魂和她的姐姐高兴地带着孩子们在院子里玩。蒋作宾陪着竺可桢在书房里喝茶:

"可桢,你看起来瘦了不少,听侠魂说,你最近工作比较忙啊!"

"是啊！非常忙！如果只是忙也就算了,还有些事我自己又解决不了,就很烦恼了!"

"什么事解决不了？科学上的事我这个大老粗不懂,带兵打仗我是没问题的!"

“这件事就是和兵有关系!”

“可桢啊,看来你这次来是别有用心啊!说说看,什么事,看看我能不能帮上忙?”

“我们要将北极阁修缮成一个观象台,可是北极阁里现在住着100多个俘虏。军委已经答复同意将这些俘虏转移,可是去问他们,又说没接到命令,不愿意搬!所以我来找姐夫,看看是哪里出了问题!”

“有军委的命令就好办了,这事我来问问。你有这个部队的番号吗?”

竺可桢把部队的番号告诉了蒋作宾,蒋作宾马上打起了电话。外边五姐一连声地喊着:

“开饭啦,快来吃饭吧!你们在书房里干什么呢?快出来!”

说着五姐就拉着竺可桢去了餐厅。今天的饭菜非常丰盛,既有湖南家乡菜,也有绍兴特色菜。竺可桢看着一桌子的菜,心里还是记挂着姐夫那边的电话。直到蒋作宾坐到了餐桌前,小声地对竺可桢说:

“都说好了,明天上午全部搬走!”

竺可桢的心才算是放了下来。五姐笑着说:

“你们说什么悄悄话呢?”

"姐,我是请姐夫帮我调兵呢!"

接着,竺可桢把北极阁里俘虏的事给大家说了,张侠魂捶着丈夫的肩膀说:

"真有你的,你这次是要我和孩子来陪你调兵啊!"

"哪里哪里!夫人啊,我陪你看姐姐是真,调兵的事只是附带的小事。姐夫神通广大,一通电话解决问题,你和姐姐也玩得开心,我们这就是皆大欢喜啊!"

一桌子的人都大笑起来!接下来的事情就非常顺利了,第二天,北极阁里的俘虏、伤兵和关押他们的军人全部都下了山。新锡记营造厂的施工人员带着器械、建材上山施工。竺可桢在北极阁建设观象台的愿望,终于在他辛勤的经营下开始变为现实。这也是中国气象事业前进的重要一步。

建成气象研究所

在钦天山上建立观象台的工程顺利进行，竺可桢松了一口气。同时，他又开始谋划在全国建立气象测候所，形成全国性的测候网，这将有助于抗御气象灾害，促进农业生产，破除封建迷信。因此他不断向政府提出申请，希望政府能够尽快实施，这是一项十分紧迫的工作。根据竺可桢的测算，全国可分为10个大区，至少设立10所气象台，30所头等测候所，160所二等测候所，1000处雨量测候所。对于建设这样一个全国性的测候网，竺可桢在经费方面也作了初步的预算，大约需要启动费90万元，每年正常维护的费用为48万元。他建议部分经费从“庚子赔款”中提取，这既发展了中国的气象科学，又有利于国计民生。

1928年6月6日，竺可桢将建设全国气候网的计划呈报给了国民政府，并在中央研究院二次院务会议上得到了支持。现在，他的计划可以顺利实施了。在这种情况下，他实在难以兼任中央大学地学系的工作了，寻找新的系主任成了竺可桢迫在眉睫的任务。他首先想到的是在本系的教授中寻找能接替自己的人。但是,几位教授都不想让竺可桢离去,不愿意担任系主任之职。于是,竺可桢又将目光投向了派出留学的地学系学生。这批学生当中有两个人从事气象专业研究,其中胡焕庸在法国学习地质气候,吕炯在德国学习海洋气象。这两个学生都非常优秀,并且都将在这一年夏天回国。竺可桢立即向学校推荐由胡焕庸担任地学系系主任,自己也随即提交了辞呈。校长对胡焕庸也十分了解,认为他还是能够担当系主任的工作的,就同意了竺可桢的推荐,并希望竺可桢能常回来看看,多给一些指导。

竺可桢对这个自己一手建立、倾注无数心血的地学系感情深厚、寄予厚望。如今自己将要离去干别的事业,能找到合适的接班人,心里也就安稳了很多。从此,竺可桢将告别10 年的教书生涯,全力去发展中国的气象事业。

1928 年 10 月 1 日,钦天山上的气象研究所终于建成。气象员们第一次在这里工作,中国的气象科学也有了一个新的开始。竺可桢走到了北极阁上的观象台,从这里眺望金陵城的全景。北面的玄武湖波光粼粼,好像是一块巨大的宝石镶嵌在南京这座美丽的城市里;他又将目光向南望去,看到了中央大学的梅庵,这是自己曾经苦苦奋斗的地方;顺着梅庵的方向,他又看到了鸡鸣寺的风光,找到了自己的家,他仿佛看见侠魂在厨房忙碌的身影，听到孩子们在院子里做游戏的欢笑声。这些年，自己忙于工作，顾不了家，但他知道妻子不会怨丈夫，孩子也不会怨爸爸，但他还是希望能够多一点时间陪陪他们，尽到一位丈夫和父亲的责任。

气象台虽然建好了，但困难还是很多。对于竺可桢来说，现在最突出的问题是气象电报传送不便。从1928年11月1日起，气象所开始抄收国内外的气象电报，尝试绘制天气图。但是，当时中国大陆只有21个站能发电报，此外，台湾有5个站，马尼拉有9个站，日本有10个站。在一张东西天气图上，只能填上40余个测候站的气象记录。这些记录主要分布在长江中下游、台湾省、菲律宾和日本，中国大片的地区都是空白。此外，即使有发报站的地区，也难以及时地传递气象信息，如汉口、九江的气象电报要1~2天才能传到北极阁，重庆、长沙的电报还常常缺失。使用这样的气象资料进行天气预报，其准确性和预报性都是要大打折扣的。看到这样的现状，竺可桢心里真是不好受啊！中国最早的气象人在开创气象事业的时候是多么不容易啊！

同时，竺可桢开创气象事业的困难还在于气象人才的缺乏，到1928年12月，气象研究所总共就只有12个半人员维持气象台的一切工作，他们是：研究员兼所长竺可桢，中央大学地学系主任兼研究员胡焕庸，研究员吕炯，预报员沈孝凰、黄厦千，观测员刘治华、全文晟、张宝堃、郑子政、王学素、黄逢昌，收报员樊翰章，图书管理兼统计员钱逸云，共计 13 人。这其中，胡焕庸只能算半个，因为他有很多的时间要在中央大学开展工作。

1929 年 1 月 1 日，这些中国的第一代气象人迎来了新年，也迎来了中国气象事业的新起点：第一次正式绘制天气图，制作天气预报，分发给有关单位试用。全所 13 个人举行了新年茶会，大家欢聚一堂，互致祝贺。竺可桢在祝贺大家新年快乐的同时，还谈到当年要开展的一些新工作，首要任务是发展气象测候网，为此还需办气象培训班，尽快培养出人才。同时在气象科学的学术研究方面也不能落后，要积极进行相关的课题研究，鼓励学术交流。为了纪念气象台落成还要编一本《纪念刊》。新年的欢乐气氛带给了这些气象人希望和憧憬，在新的一年里，他们将做出更多的贡献，奉献更多的成果！

钦天山上的气象所建成后，不少人都来钦天山参观。去年已经来过的杨杏佛更有兴致，那时他就对竺可桢说过明年春天要再来学习。只是，去年来的时候，杨杏佛看到的还只是一些设备，今年就又是一番新景象了。竺可桢见到杨杏佛也非常激动：

“杨先生，多谢你和蔡元培先生的支持啊！上次你来了之后，很快，南开大学的校长张伯苓就说仪器的款子汇到了！要不是杨先生，哪能这么快啊！”

“可桢，还是你的功劳大啊，在钦天山上建好了中国的气象殿堂！全国人民都要感谢你，快带我参观一下吧！”

竺可桢带着杨杏佛参观了工作室、图书馆和观测场，最后登上了最高的观象台的楼顶。两个人极目远眺，金陵城的春光尽收眼底。

“可桢啊，国家不幸！如今这金陵的春景也似乎不那么美啦！”

“杨先生，你是不是有些悲观？”

“不是我悲观，是国家的情况不乐观啊！你们搞自然科学的不知道：过去的军阀时代好像结束了，可是内战却并没有结束。一些新军阀又开始活动了，日本人更是怀有吞并东三省的野心。”

“杨先生，你这个政治家真是忧国忧民啊。你说的很多事情我还真是不知道啊！”

“不知道也好，埋头钻研科学，就是对国家最大的贡献。”

“我也确实忙不过来，马上又要开办训练班，我有太多事情需要去做了。现在学员们也都已经来啦！”

“是吗？那我们一起去看看！”

杨杏佛见到了这些学员，发表了一个简短的演讲，希望他们能够尽快投身发展气象科学这项伟大的事业里去。以后，这样的训练班还得多办。后来，竺可桢一共办了4期训练班，培养了100多名学员，他们都成为中国早期气象事业的中坚力量。

收回气象主权

1929年11月4日，阴历十月初四，竺可桢的第三个儿子出生了。他与侠魂夫人给三儿子取名竺安，表字希安，小名叫彬彬。碰巧的是，如果按照阳历计算，竺安的生日同哥哥竺津的生日是同一天。就在竺安出生后没几天，竺家又来了几位新客人，他们就是竺士楷和妻子。竺士楷的妻子叫潘波若，这次是特地来拜见三叔和三婶的。小两口恩爱幸福，竺士楷诚实老成，潘波若聪明体贴，又很会关心人。她三叔长、三叔短地叫着，劝竺可桢不要累坏了身体，又让三婶张侠魂好好休养身体。竺士楷在三叔家住了几天，就因为工作原因带着妻子回去了。竺可桢也对这个侄子非常器重，嘱咐他们夫妻互相体谅、互相尊重，幸福生活。

中国的现代气象科学起步晚，中国的气象工作一直被法国人创建的徐家汇气象台控制。这一点让竺可桢感到莫大的耻辱，掌握本国的气象情报，发布天气预报，是一个主权国家政府应有的责任，怎么能由外国人来干这件事呢？竺可桢建设的北极阁气象台开始公开广播天气预报，这是赢得中国气象主权的第一步。下一步的任务就是要从业务技术上胜过徐家汇的气象系统,把它作为中国气象事业的补充,它的行为必须控制在中国气象主权的范围内。这样的主张和意见当然遭到了徐家汇气象台的反对和干扰。他们用无线电台的强大功率干扰中国气象预报的正常播报,同时还贬低中国的气象广播,蔑视中国的气象科学,实在让人气愤。

为了解决这一问题,竺可桢跑到上海找蔡元培和杨杏佛商量对策。

“蔡院长,这些外国人实在太不像话了,他们没有擅自对中国民众广播的权利。这是事关国家主权的大事!”

“是的,这些洋人在中国横行惯了,这次我们不能示弱!”

蔡院长也早就听说了这件事情,非常气愤。

“他们不仅广播天气,而且公然收发商报,传递经济情报,这些都是对我国主权的公然践踏。我们就从这里找突破口!”

杨杏佛出着主意。蔡院长也觉得有道理,就说:

“这样吧,我以研究院院长的名义致函交通部,要求他们取缔外国人在上海设立的无线电台。可桢,这个稿子就由你来起草!”

“好。院长，我还想在交通部所设的无线电台内附设气象测候所。这样，我们既能够挽回主权，又有利于中国的测候事业啊。”

“好主意，就按你说的办！”

这一次，竺可桢真是不虚此行。蔡元培院长很快就致函交通部，维护了中国的气象主权。竺可桢也满心喜悦地回到了南京，对工作在钦天山上的全体人员宣布了这个胜利的成果：

“大家干好手中的活，就是为国家做的最大贡献，就是上战场对阵杀敌。我们现在担负的是一个国家中央气象台的使命。以前有人要想知道中国的气象情报，就得去找洋人。现在我们就让他来这里，来我们的北极阁！”

1930 年 4 月 16 日，中国科学史上的第一次全国气象会议在南京召开。蔡元培担任本次大会的主席，竺可桢任秘书长。竺可桢在会上报告了中国气象工作的情况和这次会议讨论的主题。

“我国测候所数量太少，设备太差，不够标准，观测也不够规范。虽然，海关系统台站较多，但这些海关测绘所大部分都是西方国家建设的。我们会逐步收回海关测绘所并加强管理，收回我们的海关主权。中国土地上的气象机构，应该由中国人负责!”

讲到这里,会场上的掌声热烈地响起来。

“另外,由于华氏度、英寸这些计量单位的应用面狭窄,使用不方便,我建议我们应该改用世界多数国家使用的摄氏度、毫米。”

“竺先生,我们支持您的计划!”

“竺先生,我们会按照您的要求改的!”

参会的代表们都十分积极,他们也都有决心建设好中国的气象事业,纷纷表示争取在一两年内取得成效,这次会议取得了圆满成功!不久,江苏、浙江、河南、山东等省都建设了数量不等的一等测候所和二等测候所,其他的一些省份也都在快速行动中。

1930 年夏天,中国科学社的年会在青岛召开,竺可桢来到青岛。在青岛的观象台,竺可桢跟台长蒋丙然一起谈论气象科学近年来的发展状况。就在他们谈话的时候,有个日本人在窗户外面探头探脑。竺可桢奇怪地问蒋丙然:

“蒋台长,外面好像有个日本人,他是干什么的?”

“他们是原来气象台的日本气象人员。青岛气象台收回之后,他们还住在台里,没有他们的事,他们也不走,说是来帮忙。其实,是想弄点气象情报。”

“我们的气象信息都是公开广播报的，没什么情报。日本人用不着留在这里。说不定日本人是别有用心！蒋台长，我们可不能被敌人骗啦！”

“我每年都催他们走。可他们就是不走！我们也是无可奈何啊！”

竺可桢听到这里，心里实在是不痛快，他把这个国家的耻辱压在了心里。这也是因为当时的中国积贫积弱，所以经常会受到外来势力的欺侮。当一个国家没有足够强大的体魄时，又怎能维护自己的主权和领土完整呢？

幸福的一家

一转眼，又到了秋天。南京的秋天很短暂，怀有身孕的侠魂夫人趁着天气晴朗在家中的院子里晾晒一家人的冬衣，心里还在期盼着又一个小生命的降临。冬天很快到了，1930年12月28日，她又为这个幸福的家庭生下一个女孩，这个小女孩的名字叫竺宁，这也是竺可桢和张侠魂最小的孩子。张侠魂夫人一生一共生育了5个孩子，3个儿子2个女儿，他们都是竺可桢最亲爱的人！竺可桢经常在空闲的时间里，对孩子们进行一些气象知识的介绍和科学思维的培养，孩子们也能在日常生活当中感受到自然科学所蕴含的美。

“爸爸，杏花开啦！您去年让我观察的杏花已经开放了。就是今天，就在刚才！”

竺可桢的大儿子竺津兴冲冲地跑进了书房，叫着父亲出去看看。原来，去年也是这个时候，竺可桢家花园里的杏树开出了淡淡的粉红色小花。竺津正带着弟弟妹妹们在花园里玩耍，竺可桢问孩子们：

“你们看看，杏花已经开了。你们数数，开了几朵？”

“1、2、3、4、5……5朵，爸爸！”孩子们认真数着。

“那你们知道第一朵是哪天开的？”

“大概……大概是今天吧！”孩子们都有些不确定了。

“津儿，今年是来不及了。明年你们能帮着爸爸观察第一朵杏花开放的时间吗？爸爸有用。”

“那好吧。一年，好长好长啊！”

很快一年的时间就过去了，竺家小院子里的小树又泛出了绿色，杏花树的枝头也缀满了花苞。竺可桢没有忘了提醒孩子们注意杏花的开放时间。所以这几天，竺津都带着弟弟妹妹们观察着杏花的情况。今天，第一朵杏花终于开放了，竺津兴奋地向爸爸报告自己的新发现。

竺可桢高兴地和儿子一起走到院子里。在春天暖洋洋的阳光下，第一朵杏花在和煦的春风里轻摇着花瓣。多么美丽的杏花呀！竺可桢亲切地对孩子们说：

“谢谢你们帮助爸爸完成了这么有意义的观察。对于科学研究来说，我们一定要有精确的时间和数据，千万不能仅仅靠自己的推测。知道了吗，孩子们？”

“知道了，爸爸！”仰着头看着父亲，孩子们红扑扑的小脸也像这杏花一样生气勃勃。

孩子们还在院子里围着杏花玩耍，竺可桢早就回到了书房，在笔记本上郑重地记下了这个杏花开放的日子——清明节。

竺可桢虽然工作繁忙，但一有时间就陪在孩子身边，带给孩子浓浓的父爱。1932 年 6 月 10 日，这一天是竺可桢的女儿竺梅 10 岁的生日。一个多月之前，竺可桢就问自己可爱的女儿梅梅想要什么礼物，喜欢唱歌跳舞的竺梅最想要的是一个口琴。一直忙于工作的竺可桢带着买给女儿的礼物回到了家，孩子们高兴得又是唱又是跳。竺可桢把梅梅搂在怀里，拿出漂亮崭新的口琴送给了梅梅。拿着口琴，梅梅的小脸蛋上写满了幸福，她激动地吹了一曲《渔光曲》，哥哥和弟弟妹妹为她鼓掌，叫着：

"再来一首，再来一首！"

兴奋的梅梅又吹起了《打倒列强》这首曲子，哥哥和弟弟们按着音乐的节奏拍着手，小妹妹竺宁在旁边跳着舞。竺可桢看着孩子们的笑脸，听着孩子们的歌声，连日来的劳碌与烦恼也都消失了。他说：

"孩子们，我们一起来吃生日大餐吧，看看妈妈都烧了些什么好菜。"

这天晚上，竺可桢陪着家人度过了快乐的一晚，没有读书，也没写作。夜深了，孩子们都已经睡了，竺可桢看着张侠魂忙碌地收拾着厨房和客厅，不由心疼地说：

“侠魂，不要忙了，早点休息吧！你把孩子们和这个家照顾得这么好，真是辛苦你了啊！”

“可桢，你去睡吧，这些活难不倒我！孩子们都那么懂事听话，看到他们，我真的一点都不累！你明天还要工作，你早点休息吧！”

听了妻子的话，竺可桢的心里非常感动。这些年来，正是由于夫妻两个人互相理解、互相关心、互相扶持，他才收获了事业上的成功和家庭的幸福啊！

天灾与国难

1931 年 7 月 24 日下午 2 点左右，在南京北极阁的观象台上，竺可桢正在密切关注着窗外的大雨。竺可桢虽然穿着长袖衣裤，但在这一片凄风苦雨之中，仍然感到身上的凉意。根据天气云图的显示，今天中午南京的气温为 22.5℃，而在历史同期，南京的气温都会在 30℃以上。到了下午 3 点钟，雨越下越大，风越刮越猛，天色黑沉沉的，山下的景物都看不见了。竺可桢的心纠紧了，脑子里浮现出洪水泛滥、人民流离失所的悲惨情景。自 7 月以来，江南江北的雨水就特别多，整个 7 月份都没有几个晴天。南京已发生了 6 次风暴、4 次暴雨，7 月 4 日下的那场大雨，仅仅两天的雨量就达到 227.1 毫米，长江流域洪水猛涨，沿江的农田房舍已经有多处被淹。竺可桢担心的是灾情进一步扩大，那将意味着更多的普通百姓受灾，他们将背井离乡、无处容身。忧心忡忡的竺可桢没有回家，他一整夜都在监测雨量数据，今天的雨量是 198.5 毫米，竺可桢迅速地查阅历史记录，证实这是南京从未有过的最大日雨量。

第二天雨势小了一些,竺可桢让同事注意收集雨情和灾情。一夜都没合眼的竺可桢实在撑不住了,他下山回到家中想要休息一下。回到家的时候,津津、梅梅和小衡三个孩子都已经上学去了,家里只有张侠魂带着宁儿和彬彬。张侠魂看到丈夫疲惫的神情,知道他昨晚一定没有睡觉。她体贴地为丈夫收拾好床铺,关心地说:

“可桢,你还是休息一下吧!昨天的雨真大啊!孩子们因为大雨都没有去上学。今年这么多的雨,老百姓又要受灾了!”

“侠魂,这么大雨,我心里真是不好受啊!我守在气象台不能回家,可是又有什么用?雨还是一个劲儿下,我真是无能为力啊!”

“可桢,老天爷下雨这是在所难免的事情,我们能做的是做好预报,抗御灾害。你别想得太多,先休息休息!”

竺可桢在夫人的劝慰下躺在床上睡着了,他梦见了自己的孩子们和千千万万个中国的儿童一起,蹦蹦跳跳、开开心心地生活!

竺津、竺梅和竺衡三个孩子放学回家了,他们的说话声把竺可桢给吵醒了。竺可桢没有怪孩子们,他温和地接过了孩子们手上的雨伞,说:

“外面雨大,你们要注意安全啊!”

年纪最大的竺津向爸爸汇报他看到的情况:

“爸爸,外面逃难的人好多,我们学校门口都有好多难民了。老师说这次水淹南京,有好几万人无家可归。”

小一点的竺梅担心地说:

“爸爸,我们家不会被淹没吧?”

竺可桢摸着孩子们的小脑袋,深沉地说:

“不会的。不过,孩子们,这次的灾害情况很严重,爸爸要做的就是尽量地减少灾害带来的损失!”

和孩子们吃过饭,竺可桢又匆匆忙忙地赶到了气象台。随后的几天里,他都没有回家,他不是四处调查情况,就是研究相关资料,据他估算,这次长江流域大水灾范围达6个省100多个县,冲毁房屋1万户以上,损失超过20亿元。然而,实际情况比竺可桢估计的还要严重很多,洪涝灾害造成的灾民总数达1亿人左右,有些村庄一夜之间就被洪水淹没,就连武汉、长沙、九江、安庆、芜湖、南京这样的城市也不能幸免。

这场水灾造成了巨大的损失,也促使竺可桢考虑摸清水灾发生的自然原因。竺可桢进行了长期的科学研究和资料搜集工作,他发现近几十年来长江发生特大洪水的年份是

1887 年、1909 年、1931 年。在过去 10 年间,7 月份长江中下游发生风暴 12 次,而 1931 年 7 月就占了 6 次,其中 4 次为正常路径,2 次为异常路径。这些数据都表明长江大水与太阳黑子的周期运行有一定的关系。竺可桢对于气象数据的分析和规律的总结大大提高了人们防灾减灾的能力。

1931 年 9 月间,竺可桢在他的书房里研究气象资料,他的书房里摆满了中国的古籍和西方的图书。他从《尚书·尧典》里发现了古人"二分二至"的四个节气,到秦汉之际中国二十四节气的知识已经完备。他从《吕氏春秋》《礼记》和《淮南子》中发现物候记载的差异。在 12 年的气象观测生涯里,竺可桢无论走到哪里,总是随身带着钢笔、笔记本和温度表这三件东西,人们都说这是竺可桢从不离身的"三件宝"。

正当竺可桢埋头沉思的时候,张侠魂拿着一张报纸,激动地冲了进来:

"可桢,大事不好,你来看看!"

竺可桢放下了笔,拿过夫人手中的报纸来看。"日本出兵犯我东北""沈阳沦陷!"看到这里,竺可桢的心被刺痛了,几千万的东北同胞都将陷入侵略者的魔爪!竺可桢天天关注战事的发展,然而每天都会传来令人痛心的消息:大连沦陷,长春沦陷,哈尔滨沦陷……没多久,几乎全东北都落在了日本侵略者的手中。中国的部队都去干什么了？气愤的竺可桢忍不住去问五姐夫蒋作宾：

“我们的东北军怎么啦？他们怎么能对敌人心慈手软呢？张学良少帅真是误国误民啊！”

蒋作宾悄悄地告诉竺可桢：

“张学良就是有天大的胆子也不敢擅自放弃东北三省啊！这都是上峰的指使。这件事，你可不能出去乱说啊！”

听到这里，竺可桢无语了！这样丧权辱国的政府怎么会得到人民的信任、赢得人民的支持呢？世上没有不透风的墙，蒋介石的不抵抗政策，引起了全国人民的愤怒。9 月 24 日，上海大中小学校的学生全体罢课，几万名码头工人全部罢工。抗议活动的浪潮席卷了全国。9 月 28 日，12 岁的竺津一大早就做好了三面小旗子，走到爸爸的书房里，拿给了爸爸：

“爸爸，这三个旗子是我、梅梅和小衡弟弟的，请您帮我在旗子上写几个字？”

“什么字？”

“我的这面旗子上写‘维护国权！’妹妹的那面旗子上写‘抗日到底！’弟弟的旗子上写‘赶走强盗！’老师说了，今天要组织我们去街上游行示威，每个人都要带上一面小旗子！”

“小津，弟弟妹妹都还小，外面人多，你要照顾好他们啊！你们这么小就知道爱国，爸爸支持你们！”

“爸爸，放心吧！老师都安排好了，我们不会有事的！”

看着儿子远去的身影，竺可桢再也看不进去书了。他也跟着儿子走到了大街上。满街的人流涌动，有学生、有工人、有孩子还有老人，他们要求抗战的口号声此起彼伏。普通的中国人在面对敌人侵略时所表现出来的爱国热情让竺可桢很受感动。他希望政府能够体谅民情，以民族利益为重，维护国家的主权。但现实却总是让他失望，回到家中后，竺可桢的心情仍然十分沉重。

探寻高空的秘密

在民族危亡的时刻，竺可桢觉得自己更应该振奋精神，在科学研究方面有所成就。于是，竺可桢以更大的热情投入到对气象科学的研究中去。

随着中国气象设施的进一步完善，开展高空气象探测成为必不可少的一步，因为气象科学的新进展一定要从高空资料的积累中取得。进行高空气象探测的方法一般有两种，一种是风筝探空技术。这一技术准确率高，只是价格昂贵，中国无力进行。另一种就是无线电探空仪。这种方式的技术要求高，中国缺乏相应的技术支持。竺可桢想尽办法，还是无计可施。

竺可桢曾经向高空施放了一个探空气球，并在气球上绑带了气压、温度和湿度的记录仪器，另外还附了一张卡片，希望拾到的人能交还给他。可是，这种探空气球一到天上，就不知道会在哪里降落，能否将这个气球找回来只能靠碰运气，简直是一件不可能的事情。1931 年，竺可桢接连向高空施放了好几个探空气球，结果都是杳无音信。所以，竺可桢还是将希望寄托在风筝探空上,他希望能从院部争取到一笔临时补助款项。1932 年 1 月下旬,他专程到上海跟蔡元培院长商量。蔡先生听了之后,很支持他的计划,

“可桢,你的想法不错。只是现在我们的经费也很紧张。你把该干的事情先干着,经费慢慢来解决。”

“院长,看来也只有这样了! 我把风筝探空的准备工作先做好。”

“啪! 啪! 啪!”

窗外传来了猛烈的枪炮声! 让历史铭记的“一·二八”事变爆发了。当日本人企图侵占上海的时候,蔡廷锴的十九路军进行了坚决的抵抗。上海的工人、学生和市民紧急动员,掀起了抗日高潮。人们纷纷参加义勇军、运输队、救护队,人人都走上了战场。看到了这一切的竺可桢心中非常激动,他又一次看到了国家和民族的希望。

回到家中的竺可桢内心久久不能平静,他想:淞沪抗战牵动着全国人民的心,我也应该宣传一下科学和气象知识对战争的作用。短短几天,他就写出了《从战争讲到科学的研究》《天时对于战争之影响》和《说云》三篇文章,这也是一位自然科学工作者炽热的爱国心的体现。

1932 年 5 月初的一天,研究所职员胡振锋和中央大学

地学系助教徐近来到竺可桢的家中。从去年2月到今年4月整整一年多时间，两个人在内蒙古配合赫德博士开展高空气象研究，所用的就是竺可桢一直关注的风筝探空技术。竺可桢询问胡振锋这次研究的相关情况：

“你们俩这次真是辛苦了！你们使用的风筝是什么样的？”

“竺先生，我们使用的是德式的改良型风筝。它像一架双翼飞机，比普通的箱式风筝性能更好，只需要每秒4米的微风即可升空。上升高度能达到5~6公里，是用钢丝牵拉的。”

“很好，我和赫德先生已经联系过了，希望他回国之后，能将这架风筝转让给我们。这将对我国的气象事业有很大帮助。不过，那架风筝使用了那么长的时间，有没有损坏？”

“没有。我们在协助赫德先生使用的时候都很小心。而且，风筝结构很好，不容易坏，再用很多年也不会有问题。使用、维修方面的知识我们也已经学过不少。”

胡振锋和徐近走了之后，竺可桢兴奋极了，他离自己的高空探测梦想又近了一步。在赫德回国之前，气象研究所决定以1600元的低价买下这架风筝，并于6月份付款、成交。竺可桢本想把风筝运回南京施放，但因为南京的飞机飞行频繁，军政部航空署早有禁令，不许在南京放风筝。这种探测高空气象的钢丝风筝更加危险。竺可桢只好同清华大学气象台商量，由他们承担此项任务。清华气象台的同志认为这也是为中国的气象事业增光添彩的好事情，很高兴地接受了这一任务。

1932 年的 10 月份，竺可桢又收到了好消息。清华大学气象台在 9 月 27 日第一次取得了风筝的探空记录。但是，10 月 3 日第二次的探空作业却发生了事故，由于风力大，上下风向不同，风筝上的钢丝板被拉断了，风筝竟然拖着 1 万多尺长的钢丝飘走了！这下可急坏了清华大学气象台的工作人员，他们赶紧开着汽车去追，追了 1 个多小时，才算是收回了风筝。不过幸运的是，风筝和上面的仪器都没有损坏。竺可桢也写信感谢清华大学气象台对中国气象事业所做的贡献。

这一天，中央大学地学系主任胡焕庸来到竺可桢的家里，邀请他为全系的师生开一个讲座。当初竺可桢推荐胡焕庸担任地学系主任，对胡焕庸非常器重。

“竺先生，风筝探空为中国的气象科学增光了。我想请您给我们系的师生讲一讲风筝探空的问题，不知道您最近有时间么？”

"这是好事情,时间再紧,我也应该去跟大家讲一讲。不过,除了风筝探空,我还想全面地谈谈我国的探空工作!"

"那就更好啦！辛苦先生了！时间由您来定,我们随时恭候您!"

胡焕庸激动地站起来,握着竺可桢的手说。1932年11月18日,竺可桢来到了中央大学地学系,以《高空之探测》为题进行了一次精彩的演讲。

他说,中国人历来只盼望着风调雨顺,却不懂得研究气象学的重要性。其实,古代的欧洲也是一样。英国皇家学会初创时,波义耳说空气有重量,人们都攻击嘲笑说他是疯子。现代的西方国家则很重视气象科学,我们伟大的祖国在这一方面也取得了很大的进步。未来的气象科学仍有很广阔的空间需要去开拓,这都需要科学家们在实验室、在气象台进行踏实的研究。

接着,竺可桢又介绍了世界上高空探测的历史发展过程。高空探测目前在我国才刚开始起步。世界上的高空探测主要有三种探空方法:气球、飞机、风筝或纸鸢。纸鸢是我们中国的发明,起源最早。《韩非子》中就曾记载:"墨子为木鸢"。最迟在六朝时期中国人已经用纸鸢作为战争的武器。最早用纸鸢进行气象观测的是英国人威尔逊。1749

年，他用纸风筝带着温度表升入云层。不久，美国的富兰克林又用风筝证明了雷是一种放电现象。1766年卡文迪什发现了氢气，人们就开始将氢气充进气球里做探空气球。1773年11月，探空气球升空成功。使用飞机进行高空探测开始于第一次世界大战，德国柏林的林登堡气象台每天用飞机进行高空气象探测。我们在南京也尝试过使用飞机探测技术，但在目前的环境下，很难坚持进行。

竺可桢精彩的演讲赢得了在场师生热烈的掌声。竺可桢看着台下热情的学生和教师，心里也感慨万分。当年他亲手创立的地学系，现在已是人才济济。这里有竺可桢的学生胡焕庸等一批教授，还有胡焕庸的学生，这些学生已经成为了地学系的讲师、助教，他们之后还有众多的研究生、本科生。四代师生同堂，显示出中国的地理学和气象科学的发展与繁荣。

专注气象事业

1933年的春节是竺可桢最开心的一个团圆年。正月初一,曾经跟随竺可桢多年的竺士楷带着妻子和两个孩子来到三叔家。这两个孩子一个叫超超,一个叫飞飞,他们在妈妈的带领下向三叔公、三叔婆叩头拜年。看着两个可爱的孩子,竺可桢和张侠魂赶紧拿出了准备好的压岁钱塞在了他们的口袋里。竺可桢二哥家的两个儿子竺士芳和竺士俊也来到三叔家。除了还在老家的嫂嫂和姐姐,竺可桢的亲人们都在南京的这座小院里团聚了。大家享受着这难得的天伦之乐。

正月初三,竺可桢和张侠魂夫人带着孩子们去给五姐张淑嘉拜年。过完这个年,竺可桢的五姐夫蒋作宾就要去日本了,他被委任为驻日公使,张淑嘉自然也要一起去东京。因此,张侠魂这次到姐姐家就更加舍不得姐姐,和姐姐有着说不完的话。两家的孩子也都一般大小,高兴地在一起玩闹。竺可桢和姐夫蒋作宾在书房闲谈:

“可桢啊,我这次担任日本公使,就是一个两面不讨好的苦差事啊！”

“是啊，我看日本人的气焰越来越嚣张。今年1月3日又攻占了我们的山海关，真是欺人太甚！”

“难啊！你看我的白头发又多了不少！还是你们清净，做好研究工作就行啦！”

“姐夫，我也烦着呢！研究院该办的事、该划拨的经费，府院那边拖着不给办，我这边的科学研究又不能停！我都不想干了！”

“可桢，我听到一个内部消息，你可别传出去！有人提议由你来当上海市长或者中央大学校长。”

“不行，我只想专心做科学研究。政界的事我干不好，也不想干！”

“好！好！好！只怕到时候你不想干也得干啊！行啦，我们吃饭去吧！今天我让厨师准备的都是你和侠魂爱吃的菜。”

过完年，张淑嘉和蒋作宾去了日本，竺可桢仍然埋头气象研究。不知不觉到了5月份，竺可桢以前气象所的同事王学素来找竺可桢。

“竺先生，我这次来是要请先生改行啊！”

王学素本是气象所的工作人员，后来应陈布雷的要求，到蒋介石的侍从室任职，这次就是来探探竺可桢的口气。竺可桢一听王学素的话中有话，就想起春节期间姐夫说的内部消息。

“改什么行？我气象学还没研究透，我可不想改行！”

“蒋先生可是亲自说起让您来当中央大学的校长或者是上海市市长。这件事我是亲耳所闻，这次您是推不了的！”

竺可桢心想，果然和姐夫蒋作宾说的一样。不行！这个官我可不想当。

“王先生，此事还没有定论，还请你不要对人说起！”

“好的！竺先生，那我就不打扰您了！”

王学素走后，竺可桢心里真是七上八下：要我去当官自然是不愿意，可若是当面拒绝又伤了蒋介石的面子。不如去别处躲一躲，我先去普陀山撰写第五次太平洋科学会议的参会论文，再带着科学家代表团去参加会议，至少也得几个月的工夫。这期间，应该有不少想当官的人占去了这两个位置，我也就不必烦恼了！

主意已定，竺可桢一方面和张侠魂商量，一方面向蔡元培先生提交申请报告。一切妥当之后，竺可桢就带着厚厚的书籍来到了普陀山。普陀山与峨眉山、五台山和九华山合称佛教四大名山。普陀山上的庙宇众多，有普济寺、灵石庵、长生禅院、盘陀庵、法雨寺，还有很多旅游名胜，如千步沙、潮音洞、梵音洞等。竺可桢在一间僻静的山房里住下，闲来无事的时候就到山上转转，大部分时间还是埋头于气象书籍之中。在普陀山澄净的环境里，竺可桢感到自己的精神和心灵都得到了净化，气象学的研究也有了新的灵感。不久，第五次太平洋科学会议的日期临近，竺可桢带着最新的研究成果从普陀回到上海，率领中国科学家代表团去加拿大温哥华出席第五次太平洋科学会议。

再回到南京已经是 11 月初了，竺可桢给孩子们带回了礼物。大儿子竺津和老四竺安的生日也到了。年满 13 岁的竺津觉得自己已经长大了，他主动帮着父亲提箱子、搬东西，又带着弟弟妹妹们一起玩耍。看着一天天长大的孩子们，竺可桢的内心感到无比的幸福。孩子们，你们就是祖国的未来啊！

回到气象研究所的第一天，竺可桢就看到了史镜清的殉职报告。1933 年 9 月 8 日的早晨，史镜清像平时一样施放风筝。当风筝升到两千多米的高空时，风筝上的钢丝断了。长长的钢丝掉了下来，正好挂在一条 12000 伏的高压输电线上。此时，有人骑自行车经过那里，自行车翻倒在地上，那个人爬起来拍拍身上的尘土，又骑车而去。史镜清就以为输电线上没有电，想要收回钢丝和风筝。可是，当他伸手去捡钢丝时，却不幸触电身亡。

史镜清是中国气象界因公牺牲的第一人。清华大学已经妥善地料理了史镜清的后事。竺可桢满怀痛惜，当即写申请，希望设立史镜清纪念基金。研究院批准拨款1000元，成立史镜清纪念基金委员会，竺可桢担任委员。史镜清纪念基金被存在了银行里，每年将利息取出奖励给为中国气象事业做出贡献的人。

近些年，在竺可桢的推动下，中国的气象人才队伍已经逐渐壮大，然而动力气象学方面的人才却特别少。他想，自己当年就是利用庚款留学的机会去美国学习气象学的，是不是可以在庚款公派留学生中争取1~2个气象学专业的名额。他联系了庚款委员会的朋友，并把这个想法提了出来。庚款委员会很快就给了令竺可桢满意的答复——可以增派气象类留学生，但是气象方面的专业考试从出考题到批考卷都要由竺可桢负责。得知这一消息，竺可桢高兴极了，他希望能选到一个数理基础特别好的人。

高兴之余，人员的挑选又让竺可桢大费脑筋，他请老朋友清华大学的叶企孙教授帮忙。叶企孙教授很爽快地向他推荐了自己的得意门生赵九章。不久，在留学生的资格考试中,赵九章考了第一名。竺可桢联系赵九章,希望他能在当年的秋天到南京来进行气象学的实习研究,然后以硕士研究生的学历去柏林攻读博士学位。赵九章虽然并没有攻读过气象学硕士方面的课程,但是他初生牛犊不怕虎,同意了竺可桢的规划。赵九章在处理好学校和家里的事情之后, 8 月份来到了北极阁,跟着竺可桢学习气象学的相关知识。竺可桢迫切地希望能为国家多储备一些高级的气象人才,只有这样,国家的气象事业才能真正地实现腾飞。

新家里的欢笑

从十多年前来到南京，竺可桢和夫人就一直租住在鸡鸣寺 3 号的小院落里。如今，十多年过去了，5 个孩子也长大了，原来的房子就有些小了。张侠魂为此特地找竺可桢说起了建房子的事，

“可桢，你整天忙着研究院的事，家里的事也要出出主意啊！”

“家里有什么事？你和孩子不都挺好吗？”

“我想跟你商量一下，咱们也盖一个自己的家吧。现在南京很多人都在盖房子。再说，咱们现在住的地方太小了！竺津他们也大了，需要自己的房间！”

“就这个事啊！是应该建个家了，不过具体的事情还是要由你来办，我可没有时间！我的意见是最好离我工作的地方近一点，我就能把浪费在路上的时间用于工作了！”

“知道了，大忙人！我先去看地方，我看了合适，再请你出山做决定！”

于是，在接下来的一段时间里，张侠魂忙着四处找地方，

最终选定在珞珈路23号营建新居。为了能够更加节省地建好房子，张侠魂可真是费尽了心血。她通过熟人找到建筑师来设计房子的结构图，又雇来专业的施工队进行施工。除了照顾孩子，张侠魂就一直守在房子的建造现场，监督工人的工作。她处处精打细算，但是盖房子实在是一件大工程，两个人10多年的积蓄仍然不够。张侠魂真的很发愁。一天，张侠魂向邻居田大嫂请教造房子的经验：

“田大嫂，你家的房子建得还真快，样式也漂亮啊！”

“竺夫人，过奖了！为了建这个房子还欠了很多债啊！”

“田大嫂，那你们是从哪边借的钱啊？”

“还有哪，去银行啊！只要把地契交给银行做担保，就能借钱了！每个月还钱就行了！”

“这个办法不错，我也去打听打听！”

得知这一消息的张侠魂立刻去了几家银行询问贷款的方法。最后他们向浙江兴业银行贷了6000元，分4年还清，每个月还银行125元。银行的办理速度很快，张侠魂很快就拿到了这笔贷款，有了资金的支持，盖房子的工程进行得很顺利。竺可桢把家里的事都交给了张侠魂处理，自己依旧在北极阁上忙着气象工作。他也非常体谅妻子的辛苦，只要有空就忙着买一些建筑材料。

7 月 13 日是竺可桢的儿子竺衡的 10 岁生日。这时他们的新居还没有建好,张侠魂正忙着建房工程的最后阶段,把儿子的生日也忘掉了。竺可桢知道妻子的辛劳,他没有告诉妻子,而是悄悄买了长寿面和生日礼物,带回家给孩子过生日。竺衡拿着爸爸送他的礼物高兴极了,迫不及待地就想拆开:

"爸爸,这是什么啊? 我能拆开吗?"

"当然可以,这就是给你的礼物啊!"

竺衡和兄弟姐妹们一起拆开了盒子,盒子里装了一个小小的百宝箱,里面是进行化学试验的小工具,有试管、量标、瓶子、塞子、铁丝、小蜡烛,还有几样没有危险的试验药品和试纸。孩子们拿着这些工具左看右看,兴奋得不得了:

"爸爸,这是干什么的?"

"这是用来做化学实验的。来,爸爸和你们一起玩!"

孩子们全神贯注地看着爸爸熟练地摆弄着这些试验工具。他们的心里充满了发现的喜悦,他们对科学的最初认识也就从此时开始。在父亲的引导下,他们敲开了科学的大门,踏上了充满着神奇、也遍布着艰辛的科学之旅。

半年时间很快过去了,竺可桢的新家终于建成了。这是一座两楼一底的花园洋房。房子的样式古朴大方、颜色典雅素净，同竺可桢和张侠魂的性格修养协调一致。门前的小院子是一座别致的小花园，里面种满了各种花草树木。推开房子的大门，一楼是客厅、餐厅、厨房和一间客房，二楼是竺可桢夫妇的卧室和孩子们的卧室。从竺可桢卧室的窗口望出去，映入眼帘的是花园中欣欣向荣的花草和孩子们嬉戏打闹的身影。住在新居里的竺可桢夫妇感觉这又是一个充满希望的开始。竺可桢的气象事业必将取得新的成就，中国的气象科学必将迎来新的发展。

气象理论体系的初步建立

1935年6月23日，竺可桢刚刚开完中国气象学会的理事会，就要赶赴泰山参加泰山气象台的奠基仪式。在去泰山之前，蔡元培将自己题写的碑文和邵元冲题写的气象台台名交给了竺可桢。蔡元培握着竺可桢的手说：

“可桢，中国的气象事业多亏了你！我代表国家谢谢你！”

“院长，是我应该感谢您对气象工作的大力支持啊！”

“这次去泰山的任务重，最好是有人同行！”

“我已经安排诸葛麒和我一起去了。放心吧，院长！”

在去往泰山的火车上，竺可桢和诸葛麒坐在靠窗的位置。窗外是成片的田地，碧绿的田地像一幅流动的画卷从眼前划过。竺可桢却若有所思，看起来心事重重的样子。诸葛麒很不解地问道：

“竺先生，看起来你不是很开心啊！有什么烦恼的事吗?”

“我是在想我们中国科学事业的发展为什么这么难?”

“先生,您这么多年的坚持和努力,使中国的气象事业取得了很大的进步。国家的未来一定会更好!”

“我也相信国家的未来是光明的,但阻碍还是不小。这也是因为中国人向来缺乏科学严谨的态度。比如,唐朝的诗人说‘二月黄莺飞上林’,只要稍稍有点物候学知识的人都知道,二月的长安不会有黄莺飞过。但中国人是不管这些的,他们只要自己的文字好看。这也是中国科学发展的一大阻碍啊!”

竺可桢和诸葛麒一直谈到火车到达泰安。他们从泰安站下车后,没顾得上休息就直接爬到了泰山上。1935 年 6 月 26 日,在泰山气象台的奠基仪式上,竺可桢亲自培土。他拿出了蔡元培所写的碑文和邵元冲所题的台名“日观峰气象台”,安排工匠将这些文字刻在石碑上以资纪念。

从泰山回到南京后,竺可桢又忙于进行中国古代气象资料的整理工作。不久,他的《中国气候概论》出版了,中国气象科学的基本理论体系也由此奠定。

浙大保姆

假使大学里有许多教授,以研究学问为毕生事业,以培育后进为无上职责,自然会养成良好的学风,不断地培植出博学敦行的学者。

虽然生活处于动荡不定的乱世之中,学校的工作也非常繁忙,但竺可桢本人却从没有放弃过读书、研究。

浙大学潮换校长

1935年的冬天，国家、民族，危机重重。北平学生爆发“一二·九”运动，掀起了全国抗日救国的新高潮。浙江大学的学生们在这一次抗日救国的浪潮中，发挥了重要的作用。他们在12月24日召开大会，联络全市学生，组成纠察队、接管学校的行政工作、到南京去进行示威游行。他们还组织了25名代表赴京请愿。

浙江大学的校长郭任远坐不住了，他喊来了便衣特务和军警，逮捕了准备请愿的学生。同时，学校还宣布开除学生会主席和副主席。校长和学校做出的不合理的压制行为，引来了爱国学生更为强大的反对浪潮。他们全体罢课，要求罢免郭任远的校长职务。郭任远面对学生们的反击，只好向学校递交了辞呈，无可奈何地回了老家。

得知此事的蒋介石，为了能让学生的情绪平复下来，同意了更换校长的要求。只是由谁来接任校长之职呢？最好是由浙江籍的学者来担当，相似的地域文化比较有利于学生和校长的沟通。竺可桢应该可以，前两年就想用他，一直没有机会，这次看来是非他不可了。

1936 年 2 月 16 日，蒋介石派人请竺可桢到自己的家中一叙。竺可桢乘着小车来到了蒋家，蒋介石在小客厅里接待了竺可桢。蒋介石和竺可桢握了握手，就开门见山地说：

"竺先生，这次请你来是有一件事和你商量。浙江大学的事你听说了吧？"

"委员长，这件事我听说了！"

"现在浙江大学没有校长，我看你就是合适的人选，希望你能把浙江大学办好啊！"

"这……"竺可桢推辞说，"这件事让我再考虑考虑。南京这边也还有很多工作离不开我。"

"你们这些文人就是有点拖拖拉拉，有什么可考虑的！让你去你就去，有什么困难我给你解决！"

竺可桢看到蒋介石非常坚决的态度，知道这一次是难以推托了。为了浙江大学的未来，竺可桢对蒋介石说：

"委员长，我自己这方面没有什么问题，只是为了学校的发展，我希望政府能在财政方面对浙江大学予以支持，另外学校的人员安排也不要受到外界的影响，由学校自己决定。"

"这都好说。那先生您就准备准备，尽快去浙江赴任吧！"

回到家的竺可桢,心里像是压了一块大石头。张侠魂给丈夫端来热水,递到了竺可桢的手里:

“可桢,委员长那边有什么事让你过去?”

“侠魂。蒋委员长让我去浙江大学当校长,态度很坚决,我只好答应了!”

“浙江大学的学生前段时间闹学潮,赶走了郭任远,你去了只怕也不容易处理好这件事啊!”

“这个我倒是不担心,我就是担心你和孩子,还有南京的气象台。”

张侠魂不忍心看到丈夫忧心忡忡,深情地说:

“家里你就放心吧,有我呢!”

竺可桢被妻子的大度和包容深深地打动了,这就是自己深爱的妻子,这就是和自己相伴相依的妻子。有了她,我才有安心工作的时间和空间。

很快,竺可桢就安排好了气象台的工作和家里的事情。1936 年4 月20 日下午,竺可桢带着妻子为他收拾好的行李,坐上了去杭州的火车,接任浙江大学校长一职。这一次,竺可桢又带上了诸葛麒,由他担任浙江大学的校长秘书。在火车上,竺可桢嘱咐诸葛麒到浙江大学之后一定要做好秘书工作。

“诸葛麒，我们刚刚去浙大，有很多工作需要做。你当校长秘书，可要勤快些。另外，对学校里的一些工作，也要注意保密。否则，会引起不必要的麻烦。”

“校长，这些我都知道，这次您带我一起去，我一定会好好干的！”

直到第二天的上午，竺可桢乘坐的火车才到达火车站。浙江大学的校务长郑晓沧带着几名教师来接竺可桢。郑晓沧一眼就在人群中看到了竺可桢，他赶上前去向竺可桢打招呼：

“竺校长！欢迎！欢迎！”

“郑先生，我们好久不见，你还是那么精神啊！”

“老了！白头发都一大把了，不比当年我们在美国留学的时候了！来来来，这边走！”

原来郑晓沧早年也曾留学美国，在美国时与竺可桢有过联系。郑晓沧招呼竺可桢和诸葛麒上了汽车，带着他们去了浙江大学的校园，安排好了竺可桢和诸葛麒的宿舍。第二天，竺可桢就请郑晓沧带路拜访了前任校长郭任远，又同多位教员、学生一起谈话，了解浙江大学的现状。4 月 25 日下午，竺可桢召开全校师生员工大学。在这次大会上，竺可桢发表了慷慨激昂的演讲，他说：

“……办教育事业第一须明白过去的历史，第二应了解目前的环境。……我们凭借本国的文化基础，吸收世界文化的精华，才能养成有用的专门人才，同时也必须根据本国的形势，审察世界的潮流，所养成的人才才能合乎今日的需要。”

这次的演讲凝结了竺可桢多年来教育思想的精髓，为了能够实现这一教育目标，他在以后的校长工作中，特别注重三个方面的工作：一是教授的人选，只有一流的教授才能培养出一流的人才；二是图书、仪器的完善，这是一所优质大学最基本的硬件基础；三是校舍的建设，要为学生提供更加优良的学习环境，这一点也是因为竺可桢看到浙江大学的多座教学楼都已破旧不堪，所以特别关注的。竺可桢讲了大约40 分钟，最后他表示，要以最大的诚意力促浙江大学的发展，希望浙江大学的教师和同学们精诚合作、共同努力。竺可桢的讲话得到了浙江大学师生的认同和肯定，他们用热烈的掌声欢迎这位远道而来的新校长。

校长的职责

经过几天的视察，竺可桢觉得当务之急就是维修学校物理系、教育系和图书馆的三处房屋。这三处房屋因为年代久远，都已经摇摇欲坠、残破不堪。竺可桢担心这样的危楼一旦发生问题，受伤害的将是浙江大学的师生们。为了筹措修缮校舍的经费，竺可桢又马不停蹄地赶回南京，到教育部申请建设款项。

因为在去浙大之前，蒋介石曾经答应竺可桢将对浙江大学予以经济帮助，所以这次的申请还是比较顺利的。竺可桢将浙江大学下一个年度的建设费预算由 8 万提高到了 36 万。处理好了经费的问题，竺可桢又马上赶回浙江大学，因为 5 月 18 日，竺可桢还要参加校长就职典礼。

在就职典礼上，竺可桢郑重地宣誓：

“余决不妄费一钱，妄用一人。”

在浙江大学工作的日子里，竺可桢一直用这句话作为自己的原则和底线，切实地完成了一名校长的使命。为了改善浙江大学的教学条件，竺可桢东奔西走筹措款项；为了吸引更多有才华的教授、学者加入学校，竺可桢亲力亲为、不辞辛苦。

当时，杭州有两位老学者，学养深厚，堪为人师，一位是邵裴子，另一位是马一浮。邵裴子曾经担任过浙江大学的校长，他在中国文化方面造诣颇深，又十分爱惜人才，曾使浙江大学面貌一新。但后来因为政治原因，被人排挤，只好离开浙江大学。马一浮曾游学欧美，1903 年最早把德文版的《资本论》带入中国。民国政府成立的时候，他也曾担任蔡元培的秘书长，只是二十几天之后，他就辞职不干了。因为他有着清高的品格，实在不愿受到世俗的拘束。所以要请这两位高人出山，实在是难上加难。竺可桢是一个意志坚定的人，他认准的目标一定要实现。为此，他一次又一次地到两位学者的府上拜访，劝说他们来浙江大学工作。天晴的时候顶着太阳去，下雨了又冒着大雨去，天黑了伴着月亮去，一次、两次、三次……邵裴子和马一浮终于被竺可桢的精神所感动，同意出山为浙江大学的建设出力。竺可桢这个时候才算是放下心来。

在竺可桢看来，教授是一个大学的灵魂，他曾经说过："一个大学学风的优劣，全视教授人选为转移。假使大学里有许多教授，以研究学问为毕生事业，以培育后进为无上职责，自然会养成良好的学风，不断地培植出博学敦行的学者。”

在竺可桢的努力下，浙江大学汇集了一批学识丰厚、教学严谨的著名教授：王季梁、胡刚复、梅光迪、张其昀、束星北、张荫麟、苏步青、贝时璋……这些人都在中国的科学文化史上留下过光辉的脚印，也为浙江大学的发展做出了重要贡献。

正是因为浙江大学有了一流的师资力量，报考浙江大学的考生数量大大增加。上一年的考生基本集中在沪杭一带，而且只有680余人，而1936年仅上海、北平、杭州的考生就超过了2200人。各地考生蜂拥而来，出人意料。而根据学校的教学设施情况，当年只能招收学生302人，再加上学校原来实有的学生530余人，已经达到学校校舍的容纳极限。竺可桢希望能在未来4年内建设更多的校舍，培养更多的人才。

新学期开始了，在新生欢迎会上，竺可桢用曾巩的四忌勉励学生们：“吃饭忌饱，住屋忌好，著书忌早，做官忌巧。”竺可桢还郑重地问了新生两个问题：

“诸位在校，有两个问题应该问问自己，第一，到浙大来做什么？第二，将来毕业后做什么样的人？”

学生们都抬起了头看着表情凝重的校长，竺可桢接着又说：

“诸君到大学里来，万勿存心只要懂了一点专门技术，以为日后谋生的地步，就算满足，而是要为拯救中华做社会的砥柱。”

在竺可桢看来，当时大学培养出来的人才不能只学会一些谋生之道，更加应该担负起振兴中华的重任。这两个问题的内涵如此深远，因此每年浙江大学新生入学的时候，学校都会把这两个问题印在大学录取通知书上；每年毕业生离校的时候，学校也会把这两个问题印在毕业纪念册上。希望学生们能够树立崇高的社会理想，为祖国的建设贡献自己的力量。

蒋介石来访

几个月过去了,浙江大学在校长竺可桢的领导和管理之下取得了较大的发展。曾经点名指派竺可桢前来担任校长的蒋介石此时也想看看浙江大学建设得如何,于是决定到浙江大学视察。

面对蒋介石的到来,竺可桢既高兴又担忧!他高兴的是现在的浙江大学欣欣向荣,迸发着活力和青春;同时他又担心迫切需要发展的浙江大学能否得到蒋介石的支持。他安排诸葛麒撰写浙江大学的情况报告,并特地嘱咐他将扩建学校的计划写在报告中。

10 月 15 日上午,蒋介石带着随从来到了浙江大学,竺可桢将浙江大学发展的情况简要地介绍了之后,便提出带蒋介石参观一下校园。

“委员长,您难得来一次!我带您去浙江大学的校园里走走!”

“好啊!竺校长,那你带路吧!”

原来竺可桢是想借着带蒋介石参观校园的机会,提出扩建学校的计划。

“竺校长,浙江大学现在的学生总数是多少啊?”

“委员长,加上今年入校的学生,一共有800多名学生。”

“我看这边学校的面积不是很大啊,能给学生提供足够的教室吗?”

“这正是我最发愁的地方。现在报考浙江大学的学生数量增加的幅度很大,但是学校的地方太小,致使很多优秀的学生来不了!希望委员长能多给我们一些支援啊!”

“你现在有什么方案吗?”

“靠近我们学校,有个军械局的火药库。如果能将这个火药库的土地拨给我们,就能派上大用场了!”

“这个好办,我回去后就沟通这件事情。另外我看这边现有的教学楼非常破旧,也需要维修一下啦。现在国家经济也非常困难,但我尽量给你们浙江大学增加一些建设款项吧!”

听到这里,竺可桢开心极了。真是“踏破铁鞋无觅处,得来全不费工夫”。

蒋介石视察结束后就赶回了南京,竺可桢很快收到了行政院秘书处的公文,公文的内容就是将浙江大学旁边的火药库划给浙江大学使用。这件事情如此顺利地解决,真让竺可桢开心不已。在竺可桢的努力之下,浙江大学的未来一片光明。

浙大校园里的活动

从中学开始,竺可桢就养成了体育锻炼的好习惯。在浙江大学担任校长期间,竺可桢也经常会组织学校的教职员工和家属开展一些体育活动。1936 年 11 月 22 日,在竺可桢的号召之下,浙大教职员工组织了一次登山比赛。这次比赛参加者有老有小,一共组成了 60 多人的队伍。他们早上 9 点 40 分从玛瑙寺集中出发,由参加的孩子们领先爬山,其他人跟随其后。由陈伯青发令,舒鸿作终点记录。大家一路上有说有笑,既观赏了风景又增进了感情,既锻炼了身体又放松了心情。结果王淦昌第一个到达山顶,竺可桢得了第 13 名。浙江大学还为这次的登山活动准备了一些小奖品。第一名的奖品是郑晓沧翻译的作品《小男儿》,另外还有飞机模型、泥菩萨等,孩子们都满载而归,大人们也都心情舒畅,每个人都在集体活动中收获了幸福和满足。

除了关心学校教职员工的生活之外,竺可桢更加操心的是学生们的成长。他经常会在一些学生大会上发表演讲,用科学的人生观和世界观教育学生,希望他们不仅成为专业型人才，更能够具备健全的人格，成为国家的栋梁之才。在1937年浙大毕业典礼上，竺可桢看着台下的学生，希望他们能够以“有志、有识、有恒”作为自己的人生信条，勉励同学们为人做事应该“只知是非，不计利害”。对于竺可桢来说，教育不仅意味着知识的传授，更是精神上的锻炼。竺可桢对学生的关心也赢得了学生们的信任和爱戴。在竺可桢60岁生日的时候，浙江大学的学生们为这位老校长送来一面锦旗，上面写着：“浙大保姆。”

战乱中的几次迁校

1937 年 7 月 7 日，日寇蛮横粗暴的行为使得抗日形势进一步严峻。一方面，竺可桢在浙江省广播无线电台进行抗日演讲《救亡图存》，希望能够激发全民抗战的热情；另一方面，南京的气象台需要迁走，这也需要竺可桢帮忙安排搬迁工作。此外，南京军事当局已发出告示，要求南京居民迁往外地，竺可桢还要考虑家人的安全。竺可桢在杭州和南京之间忙碌着，等到南京气象台的所有仪器、图书都装箱完毕，并运到南昌之后，竺可桢才算是松了一口气。

此时的南京城早已失去了昔日的古典和优雅，街头一片忙乱，到处都是带着行李、拖家带口的人。竺可桢看着路上匆忙的行人，非常痛心。但是，他也得考虑自己家人的去向，是时候带着侠魂和孩子去一个更安全的地方。1937 年 8 月 20 日，在竺可桢的劝说下，张侠魂带着孩子们随丈夫去了杭州，离开了南京的温馨小家。离开的时候，张侠魂实在有些舍不得，泪水忍不住流了下来。看着妻子伤心难过，竺可桢只好安慰她：

“走吧！一切都会好起来的！我们也会再回来。”

1937年8月24日，刚刚在杭州安顿下来的竺可桢一家又听到了隆隆的炮声，那是日本兵在杭州湾的乍浦登陆了。杭州也开始拉警报了，日本的敌机在浙江省内进行轰炸。竺可桢忙着组织学校的警卫、消防、防毒、救护等工作。作为浙江大学的校长，竺可桢首先要考虑的就是迁校的问题。在校务会上，大家争论不休。

“要是迁校，就到萧山附近，比较方便。”

“不行，萧山不够安全，应该迁到更远一点的地方。”

“现在是战时，萧山附近有我们学校开垦的一些稻田，可以不用担心吃饭的问题。”

“还是天目山比较安全一些。”诸葛麒建议道。

竺可桢在心里揣度了很久，最终决定：

“我同意诸葛麒的意见，我们还是迁到天目山吧。先将一年级的学生迁过去，二、三、四年级的学生暂留本校，视情况再做安排。”

于是，根据学校的安排，浙江大学的师生陆续迁到了天目山暂时躲避战争的伤害。天目山位于浙江和安徽两省之间，这里有着众多秀丽的山川，都是大自然鬼斧神工的杰作。天目山分为东、西两座山，山顶各有清泉一眼，潺潺的水流终年不断，因此被称为天目。这里悬崖峭壁，古树参天，繁花碧草，仿佛是一处世外桃源，正是人间的避难之所。

只是战火纷飞、战事紧张，浙江大学的师生们刚刚才在天目山开展有序的教学活动，日寇的进攻行动就越来越凶猛。11 月15 日，日寇在漕泾、金丝娘桥登陆，杭州等地危在旦夕。竺可桢前些年任职的中央大学也遭到敌机轰炸，只能举校迁往内地。此时，对于留在杭州——浙江大学本部的师生们来说，只有再迁往别的地方，才能保障生命的安全。可见，在国家和民族遭到战火的侵袭时，想要找到一方安静的乐土读书学习是一件多么困难的事情。

竺可桢再次召开校务会议，向大家通报了目前的形势。通过商讨最后决定，浙江大学本部的师生将迁往浙江省的建德县，已经迁往天目山校区的师生再行安排。建德古时被称为严州，汉代光武帝时期的名士严子陵曾在此地居住。宋代的时候范仲淹也曾在这里设立龙山书院。所以建德是一个历史悠久、文化气息浓厚的地方。

校务会结束之后，竺可桢立即贴出布告，安排学生于 11 日、12 日、13 日 3 天按二、三、四年级的顺序迁往建德。师生们从水路出发，每晚 12 点开船。先乘坐大轮船到达桐庐，然后再换乘小轮船到建德。二年级的行程较为顺利；三年级出发较迟,13 日凌晨 2 点才开船,中午到桐庐,路上又被公路局扣留,到达建德的时候已是 14 日凌晨了;四年级出发情形更乱,因是最后一班船,所以学校的职员家属也很多,路上非常拥挤。不过,浙江大学的师生和家属大约千余人的队伍总算是安全到达建德。浙江大学搬迁到了建德,也给建德这座小城带来了生机和活力。

竺可桢在建德安顿好了浙江大学的师生们后,又赶紧考虑待在天目山校区的大一学生及老师的安置问题。为了以防万一,竺可桢在江西吉安接洽了一处校舍,并分别跟师生谈话,告诉他们学校的方针是:只要日本兵不攻到余杭,位于天目山的分校就不调整,但学校已经做好了应付突发事变的准备,请教师放心教书、同学安心读书。

此时,建德校区的情况也非常紧张,有的教授因为家庭原因离职;学生们很多来自战争爆发的地区,家中有钱也没办法汇款过来;还有一些同学家庭经济困难,希望能找一些出路维持生活。不过,浙大对学生有着很强的凝聚力,真正告假离去的人并不多。竺可桢希望能通过教育部得到一些援助,但是教育部传来的消息更加让人心寒。教育部不仅不能给予经费支持,教职员工的薪水也只能发到 12 月,而且按照省府的规定,工资在 50 元以上的只发一半,30 ~ 50 元的打八折。真是“大限来时各自飞”。这些都让竺可桢感到十分悲哀。

到了11月底，浙西告急，浙江大学一年级的学生也从天目山迁到了建德，全校集中到了一起。为了能为在艰难中生存的学校争取一些经济来源，浙江大学组织出版了《浙大日报》，每天印刷500张，每张卖1分钱。由十来个贫苦同学去街上卖报，卖报所得按照学生得三分之二、学校得三分之一的比例分配，这样的做法使学生和学校都能有些收入，以维持战时的基本生活。

浙江大学在建德刚刚安顿，竺可桢静观其变，又计划在大考之后利用寒假的时间迁校。但战争的形势却容不得竺可桢有丝毫的停顿，南京陷落，日本人将进犯杭州，一旦杭州失守，道路交通便会成为大问题。因此，竺可桢又在全校召开了特种教育常委会，决定提早迁校，地点就是江西吉安。这个地方，竺可桢已经去考察过几次，很快就安排好了迁校的路线和新校的地址。只是在如此仓促的情况下再次迁校，浙江大学真是困难重重。

在这次极其困难的大搬家中，竺可桢把全部精力都投入到迁校工作上。他既身先士卒，在前面探路、开路，又在大队人马上路之后返回来完成善后工作。竺可桢工作很细心，对学校的教授和学生的情况都比较熟悉，因此迁校相关事宜安排得很周到。比如浙江大学的苏步青教授，娶的妻子是日本女子，他准备先送妻子回老家，再回学校。这种情况在路上肯定会遇到种种麻烦。而竺可桢早就考虑到这一点，他向当时的浙江省主席朱家骅申请了一张通行证，确保苏步青家人的安全。

“苏教授，你的夫人是日本人，此行路上肯定有人要盘问检查，搞得不好，还有生命危险。我已经替你要来一张通行证，路上会省掉不少麻烦！”

“竺校长，真是太感谢你了，我正在为爱人的事情犯愁呢！”

后来当苏步青带着家人从建德回温州，路过丽水的时候，汽车站的站长前来检查，他说：

“如果没看错，你的夫人是日本人，我们要检查！”

苏步青镇定地拿出了通行证，说：

“这是浙江省主席朱家骅特批的通行证，您看看！”

这张通行证果然很有效，那位站长马上换了一副笑脸，说：

“先生，那就不需要检查了，请您上车吧！”

多年之后，苏步青回忆起这件事情，依然对竺可桢怀着深深的敬意，感谢他对学校里每一位教师和学生的关心。

一张通行证能够换来一家人的平安，但是，战争中的子弹、炸弹却并没有长眼睛。一路上，竺可桢带着浙江大学的师生在迁往吉安的途中历经了很多危险。有一次，竺可桢在金华为学生们安排住处的时候，敌人的飞机呼啸而来，炸弹依次落下，一颗颗炸弹越来越近、越来越响。炮弹震坏了窗户、炸毁了房屋，竺可桢立即伏卧在地上。解除警报后，竺可桢站起来一看，周围处处是弹坑。在不远处的一家面馆旁边落了一个炸弹，一死两伤，死者早已没有了声音，受伤的两个人不断在呻吟呼喊。竺可桢庆幸自己捡回了一条命。

历经千辛万苦，在敌机的一路轰炸之下，1938 年 1 月 11 日，浙江大学的师生家眷总算是安全到达了吉安。竺可桢一家就住在木匠街 53 号楼上，一共有 3 开间 5 小间房子，房租每个月 10 元。竺可桢又用 3 元租了一套家具，安顿了下来。不过，由于旅途艰苦，这时一家人全患上了感冒、咳嗽，宁儿发着高烧，梅儿的气喘病更加严重了。面对着学校和家庭的众多事务，竺可桢没有退缩，而是坚定地对自己说："千万不能垮掉！"

浙江大学迁校到吉安之后，很快就恢复了正常的教学秩序。竺可桢在管理学校之余，还希望能依托学校的优势服务于社会，为当地民众办一些有益乡里的事业。后来，竺可桢带着浙大的师生和当地的居民兴修水利，在赣江之上建防洪堤，这座防洪堤即被称为“浙大堤”。除此之外，竺可桢还兴办学校，创办了泰和小学和初中；垦荒种地，引渠灌田，接纳难民，得到了当地人民的理解和欢迎。

虽然身处战乱之中，浙江大学的学生们却没有一丝懈怠。他们在校长竺可桢的带领之下安心学习，顺利毕业。1938年6月26日，又一批学生要毕业了，在这次特殊的毕业典礼上，竺可桢的致词也特别让人感动，他告诫学生们：“大学生在此国难之际走入社会，人人要负起责任，使中华民族成为不可灭亡的民族；目前学校的缺点在于只传授知识，而不注重智慧，不能使人深思，以后应能慎思明辨，必能日日新，又日新，发扬而光大之；为社会服务，不求地位之高，薪水之优，而在于努力去干吾人分内之事。”竺可桢校长的嘱托将照亮学生们未来的生活之路，将有益于中华民族的不断进步、不断强大！

正当竺可桢又送走了一批毕业生之时，好朋友朱国华来找他。朱国华在航空委员会任职，一见到竺可桢，他就说：

“可桢，浙江大学有没有准备好再次迁校啊？”

“国华，你有什么消息？我们迁到这里不容易啊，已经花费了一万多元，哪里还有经费再迁校？”

“可是，湖口已经陷落，我们航空委员会正准备西迁。浙江大学要是不迁校，肯定是危险重重！”

朱国华走后，竺可桢又陷入了沉思：如此看来，浙大不仅必须迁校，而且需要立即着手准备。那么，还能迁到哪里呢？还是只有西迁，可能桂林或者阳朔比较适宜！为此，竺可桢又不辞辛苦赶往桂林，同教育厅的厅长商议浙江大学的新校址。厅长告诉竺可桢，宜山有个地方叫标营，可供几千人使用，足以安排浙江大学的师生。

家庭的变故

1938 年 7 月 23 日，刚到桂林考察新校址的竺可桢接到了一封电报，电报上说夫人张侠魂患上了痢疾，请竺可桢火速赶回。看到这封电报，竺可桢心里十分担心，如果不是情况严重，侠魂是不会发电报给自己的。他赶紧坐上了回家的车子。

25 日，在浙江大学修建的长堤上，竺可桢见到了等候在那里的大女儿竺梅。这几天，竺梅每天都拉着小弟弟竺安、小妹妹竺宁的手在这里等候，今天终于看到了爸爸的身影，他们奔向了爸爸的怀里。竺可桢抚着三个孩子的小脑袋，轻声说：

“没事了，爸爸回来了！”

“爸爸，衡儿弟弟没了！”

竺可桢一听到竺梅说“衡儿没了”，眼泪禁不住簌簌地流下来。这个可怜的孩子啊，刚刚过完 14 岁的生日，就走完了这短短的人生路程，自己连最后一面都没见着。他强忍着巨大的悲痛，带着孩子们回到了家里。

回家后，他觉得家里的灯光也比往日暗淡了许多。张侠魂躺在床上，脸色苍白，形容消瘦，连说话都很困难。衡儿已经走了，妻子张侠魂也因患痢疾生命垂危。竺可桢坐在床边，拉着妻子的手，安慰着她。看到竺可桢回来了，张侠魂勉强张开嘴，说：

“可桢，我们……我们的缘分只怕要到头了……”

“别瞎说，你好好养病，一切都会好的！”

张侠魂还不知道，衡儿已经去世。竺可桢也不敢告诉她真相，只是悉心照料着她。但由于战争，医疗条件太差，痢疾久治不愈，导致了张侠魂抵抗力下降，同时并发了败血症，医生已经束手无策了。8 月3 日上午，张侠魂不幸逝世。

半月之内，竺可桢接连失子丧妻，遭到了沉重的打击。竺可桢痛苦异常，他忍着悲痛向张侠魂的姐姐、姐夫们发电文报告了这一惨痛的消息。失去了妻子和儿子的竺可桢感到生活已经失去了重心，世间没有什么东西能够缓解他中年丧偶的痛苦。他连自己的家门也没有勇气再进。在日记中，他写下《挽侠魂》等多首诗歌，其中一首是按照陆游《沈园》这首诗的格式写成的悼亡诗，最为感人：

（一）

生别可哀死更哀，何堪凤去只留台。
西风萧瑟湘江渡，昔日双飞今独来。

（二）

结发相从二十年，澄江话别意缠绵。

岂知一病竟难起，客舍梦回又泫然。

从这首诗里可以看出竺可桢对妻子的一片深情。9 月 15 日，竺可桢将张侠魂、竺衡安葬于玉华山，这里长了几十棵粗大的马尾松，可以伴着他们安眠。9 月 17 日，竺可桢又领着梅儿和彬彬到玉华山，向侠魂和衡儿告别。他们还在新坟前拍了几张照片带在身边以作纪念，下一次也不知何年何月才能来祭奠，身陷战争中的中国人是不能决定自己的命运的。虽然不能时时到张侠魂的坟前祭奠，但竺可桢在以后每年的 8 月 3 日，都会在家中设祭，纪念张侠魂，终生如此。

组建新家庭

张侠魂去世后，多位亲友见竺可桢学校里公务繁忙，家中子女年纪又小，都劝他早日续弦。竺可桢一直不愿意，因为他的心里还在思念着张侠魂。但是竺可桢忙于工作，家里的孩子们少人照顾，没有女主人的家整天都是冷冷清清的，所以还是有很多的热心人关心着竺可桢的婚姻问题。

物理学教授丁绪贤的太太陈淑有一个堂妹叫陈汲，是北京女子师范大学毕业生、武汉大学文学院院长陈源的同胞妹妹。陈汲文化修养很高，形象和气质都不错，生性贤惠，品貌端庄。陈淑想把她的堂妹陈汲介绍给竺校长，在她看来，妹妹同竺可桢是非常相配的一对。在一次家庭聚会上，陈淑把妹妹拉到了竺可桢的面前，说：

“竺校长，这是我的妹妹陈汲，你们两个人聊聊。”

竺可桢看到陈汲圆圆的脸庞，一双大眼睛里闪动着温柔的波光。他早就听说陈汲是个很孝顺的姑娘，因为陈源、陈洪这两个哥哥长年在外，她就在家安心照顾父母，连自己的终身大事都耽误了。对这样一个善良、温柔的女子，竺可桢天然地产生了一种好感，她和张侠魂的无私与奉献是多么相似啊！

“你好，陈汲！听你姐姐说，你很喜欢读书啊，都喜欢哪方面的书籍啊？”

“竺先生，我就是没事的时候看看书，我还看过先生写的一些气象方面的书，觉得收获很大！”

“是吗？那太好了！但是气象科学的发展最需要的是在实践中获得第一手材料。”

“竺先生，我也听说您正在进行一些气象考察工作，希望有机会我也能同去学习！”

“很好，热烈欢迎啊！”

竺可桢孤寂的内心又迎来了新的春天。在与陈汲姑娘的交往中，竺可桢心中的爱情种子在春风的吹拂下、春光的照耀下生根发芽。1939 年 9 月 18 日，竺可桢要去峨眉山进行一些科研工作，他邀请陈汲与他一起。一路上，竺可桢向陈汲介绍了峨眉山上的岩石情况、物候情况。陈汲被竺可桢丰厚的学养、广博的学识深深吸引。两个人登上峨眉山的金顶，热烈相拥，定下了终身之约。

下山后，他们二人于 1940 年 3 月 15 日举行了简单的婚礼。没有豪华的宴会，竺可桢和陈汲只是邀请了几位至交好友吃了顿便饭。在众人的祝福声里,竺可桢和陈汲结为夫妇。1940年12月14日,他们又有了幸福的爱情之果。陈汲为竺可桢生了一个女儿,小名毛毛,大名竺松。在此后几十年里,陈汲一直默默地照顾着竺可桢的生活,关爱学生,抚育子女,直至走完生命的旅程。

关心教授生活

1940年,浙江大学又从吉安继续西迁到贵州的遵义。因为新校址不好找,学校的师生被分散在湄潭、永兴、青岩等几个地点。贵州的地势偏僻崎岖,交通不便,生活极其困难。因此,有很多教授都耐不住生活上的困难,转到其他学校任教。为了能够留住更多有才华的教授,竺可桢把教授们当做宝贝一样。

竺校长十分关心教授们的生活,尽力使他们能够安心教书。苏步青教授的家眷都在浙江老家,因为经济困难,苏教授没有办法把他们接过来。随着局势的恶化,苏步青非常担心家人的安全。得知这一情况后,竺可桢对苏步青说:

“苏先生,你不要等到暑假,快把家眷接到学校这边吧!”

“校长,我哪有这么多钱啊?现在路上不好走,没有几百块钱可不行啊。”

“钱不用愁,我们学校替你包下来了。学校特批给你900块钱,你快准备准备去接家人吧!”

“不需要这么多,我算了一下,600 块就够了!”

“多带着点,在路上花钱的地方多! 回来要是多了再还给学校就是了。”

在当时,900 块是多么大的一笔钱啊! 苏步青教授赶紧收拾东西回浙江接来了家人,来回一共用去了 35 天。等到苏步青带着家眷来到学校后,竺可桢又亲自来看望说:

“这下我可就放心了。”

竺可桢对学校里的其他教授、教师也十分关心,这种关心凝结成团结浙江大学的力量。所以尽管处于战时的动荡时期,但浙江大学的发展一直没有停止。除了在生活上对学校师生进行无微不至的照顾,竺可桢在科研学术上也从不放松,总是身体力行,起到了很好的榜样作用。

虽然处于动荡不定的乱世之中,学校的工作也非常繁忙,但竺可桢本人却从没有放弃过读书、研究。从 1936 年 4 月到 1944 年底,他在中外报刊发表各种论文 39 篇,其中代表性的科学史论文《二十八宿起源考》受到了中外科学界的一致好评。从 1945 年到 1949 年,他发表了专业和通俗论文 5 篇。但竺可桢并没有因此而满足,1946 年 7 月 27 日,当他在返回杭州的车上读到美国的《气象学报》时,仍然禁不住感叹:“其中多创作,余均不解所云。十年校长,已成落伍之气象学家矣。”他感到自己因为校长的工作耽误了科学研究的进度,《气象学报》上的很多文章自己已经不能理解,都成了落伍的科学家了。可见,竺可桢对自己的要求非常严格,在追求科学的道路上,一刻也不敢放松。

在竺可桢身体力行的倡导下,浙江大学的学术讨论的风气十分盛行,教授与教授之间常常为了学术问题而争论得面红耳赤。即使在抗战期间,纸张紧缺、环境险恶,浙大的学术刊物也能保持在 20 多种,各种学术纪念报告会也不断召开。例如,遵义时期的“徐霞客逝世三百周年学术讨论会”“伽利略逝世三百周年报告会”“达尔文进化论与遗传学讨论会”,竺可桢不仅亲自主持这些学术会议,而且还作了重要的学术演讲,推动了浙江大学科研水平的提高。

正因为浙江大学有着如此浓厚的学术氛围,才孕育出教授们众多学术成果,像陈建功的三角级数、苏步青的微分几何、王淦昌的原子核物理、谈家桢的遗传学、蔡邦华的昆虫学、卢守耕的稻作学、吴耕民的果树学、夏鼐的考古学、张荫麟的中国史纲和谭其骧的中国历史地理学等。他们的研究范围从理工农科到人文学科,都具有第一流的学术水准,站在了当时各学科的前沿,在海内外享有很高的声誉。

所以,在新中国成立后,这些成果斐然的教授们谈起这段经历时，都对竺可桢怀着深深的感激之情。中国现代遗传学奠基人之一的谈家桢说：

“就我来说，回顾自己的一生中，最有作为的就是在湄潭工作时期。我的学术上最重要的成就就是在湄潭县‘唐家祠堂’那所土房子里完成的。现在回想起来，应该好好感谢竺可桢先生，因为他为我们创造了这种美好的研究环境。有时，我和著名教授苏步青、王淦昌等欢聚的时候，回忆那时情景，大家兴奋地说：‘在湄潭是我们最难忘的时刻啊！’”

当年，英国的李约瑟在看到这些教授们在土房子里写出的具有世界水准的学术论文后大为震动，禁不住感叹“浙大是中国最好的四个大学之一”，是“东方之剑桥”。这样世界性的声誉，是竺可桢和浙江大学的教授们用认真严谨的科学精神和艰苦奋斗的实干信念赢得的。

保护学生安全

竺可桢不仅带着学校里的教授们一起攀登科学的高峰，同时还全力保护学生们的安全，得到了学生们的尊重和爱戴。1942年1月16日，浙江大学的学生们在遵义发起“倒孔游行”。竺可桢虽然不赞成学生的过激言行，但是在劝说无效之后，为了保护学生的安全，他亲自走到游行的队伍里，走在学生队伍的最前头，并且要求军警不要与学生发生冲突。竺可桢为了维持游行队伍的秩序，对学生们说：

“你们的父母把你们交给学校进行培养教育，我就对你们的生命安全负有责任。如果你们一定要出去游行，我带你们去，但是一定要有纪律。”

在竺可桢的一路照顾下，学生们的游行没有引发暴力冲突。竺可桢的随行保证了学生们的安全。但是，由于“倒孔运动”的影响越来越大，教育部也着手调查，要求开除一批学生，贵阳、遵义的特务机构还要逮捕一些策动“倒孔运动”的学生。

受到“倒孔运动”的牵累，1942年1月22日深夜，国民党湄潭党部安排特务搜查了浙江大学的助教潘家苏和农经系四年级学生滕维藻的住处。他们虽然没有搜查到什么有力的证据,但是却栽赃陷害,把两个人拘押在遵义。为了能让这两个有为的青年人不受伤害,竺可桢专程赶到湄潭,之后又几次亲自去探望,派人一日送去三餐,并四处搜集有力的证据,千方百计地设法营救。因为来回的奔波,竺可桢脚上的冻疮都磨烂了,但他依然忍痛前去交涉。最后,竺可桢终于找到两个人被诬陷的证据。直到 4 月 27 日,竺可桢获准将两个人保释出狱。见到这两个青年人,竺可桢没有诉说自己营救他们的艰苦,而是说:

“你们都是好学生!”

就是这句话,让这两个人对竺可桢的帮助感念一生。除了这两名浙江大学的师生,浙江大学还有多名学生遭到秘密逮捕。浙江大学史地系四年级女生、“黑白文艺社”社员王蕙只不过在倒孔大会上讲了几句真心话,就被逮捕起来。第二天,国文系学生、“黑白文艺社”第二任社长何友谅也被捕。2 月 21 日,“质与能自然科学社”的社员、电机系学生陈海鸣被传讯。经过竺可桢的多方努力,这些学生也先后获释。

在教育部的干预之下,浙江大学还必须开除很多学生,竺可桢虽然对此极力反对，但也无可奈何。这些被开除的学生联名向校长提出暂缓贴出开除公告，他们害怕布告贴出来后，自己会受到一些不必要的攻击。竺可桢答应了这个要求，学校的处分布告缓三天贴出，等他们悄悄地安全离校后，学校才贴出了开除他们的布告。在竺可桢看来，学生只要来到浙江大学就读，就是自己肩上的责任。

严格录取标准

竺可桢爱护浙江大学的学生，更严格坚持录取学生的高标准。因为竺可桢深知，没有优质的生源，就不能建设优质的大学；没有公平的录取政策，就不能吸引优秀的人才投身浙大建设。因此，学生入学考试的分数与录取分数哪怕只差一分，竺可桢也绝不通融，即使是至亲好友甚至顶头上司也不行。

1946 年 10 月 1 日，浙江省主席沈鸿烈的女儿沈致平报考浙江大学中文系时，“国文六十五分，但数学只二分，平均二十八点六”，浙江参议会议长张毅夫之子张国维，“考文学院一年级，国文五十九，而英文十二分，数学零分”。这个分数想上浙江大学是不可能的，所以浙江省建设厅厅长皮作琼、省政府秘书长张协承等人都先后来找竺可桢说情。但是竺可桢坚决不同意，他说：“因敷衍无限制，而一年级入学考试不能不严格执行。”如果因为人情而通融考分不够的学生，那么以后入学考试的标准就不能坚持了。

竺可桢不仅对招收标准控制严格，对于转学来浙大就读的学生也不会轻易松口。1949 年 2 月 7 日，对浙大颇为关照的浙江省主席陈仪亲自出面说情，说有两个学生要到浙大借读，其中一个是郁达夫的儿子郁飞，现在在暨南大学外文系三年级就读，他当时住在陈家。他的父亲郁达夫被日本人杀害于印尼，是一位非常著名的作家。可是，竺可桢直率地拒绝了陈仪：

“我很为难啊，想要来浙江大学就读的人太多了。而且暨南大学在上海、南京都有分校，何必一定要来浙江大学读书呢?”

2 月 10 日，陈仪再次问及郁达夫儿子来浙大借读的事，竺可桢又一次拒绝了。3 月 25 日上午，北大法律系二年级学生华力带着胡适的信前来，想要借读浙江大学，竺可桢也拒绝了，他说：

“浙江大学已经开学六星期，现在不能再收借读生。如果想来借读，要等到暑假时参加入学考试，根据成绩决定是否录取，否则一切免谈。”

对于上司和朋友的求情，竺可桢不留情面；对于浙江大学的教师子弟，甚至包括他自己的子女也决不徇私。竺可桢的女儿竺梅投考浙江大学的成绩不够理想，就没有被从宽录取；他的大儿子竺津从抗战一开始就参军抗日，也从没听说要到浙大来开后门。即使有教师以不应聘相要挟，他也不为所动。竺可桢一再在日记中写到：

“降低程度收容乃是困难之事，因教职子女可收容，则弟妹亲戚均可收容，将来校中将无法拒绝一切外人之说情矣。”又说：

“若欲学校通融，则此门一开，以后效尤者不可胜数，从此浙大均可将考试不及格之学生入校矣。”

也正是因为竺可桢对生源的录取标准严格，所以浙江大学才能不断涌现出对国家、对社会发展有用的大批人才。

从1936年到1949年，竺可桢在浙江大学一共当了13年的校长。在这13年里，竺可桢带着浙江大学的师生跋涉五千里、历经五省、五易校址。在连绵起伏的战争和学生运动的夹缝中，在颠沛流离的恶劣环境下，竺可桢居然能够奇迹般地将浙江大学发展壮大。在他刚刚接手之时，浙江大学只有文理、农、工3个学院、16个学系。经过了13年的发展，浙江大学成为拥有文、理、农、工、法、医、师范等7个学院、27个学系的大学，是当时全国最完整的两所综合性大学之一。不仅学校的规模得到扩大，其教学科研质量也是首屈一指，有不少专业在全国乃至国际上都享有盛名，如物理、化工、农业、数学等，并创建了数学、生物、化学、农经、史地等5个研究所，教授、副教授由70名增至201名，学生由512名增至2171名。因此，浙江大学被誉为“东方之剑桥”。

新中国成立后

经过竺可桢的不懈努力，科学院里精英荟萃、人才辈出，为中国的科学事业奠定了坚实的基础。

面对生活中的种种不幸，竺可桢没有消沉失意，他依然保持着对生活的热情，不断追寻科学的真理，决心把自己的一切奉献给祖国的科学事业。

拒绝迁往台湾

世事巨变、沧海桑田，竺可桢逐渐对国民党的所作所为感到十分失望，认为他们“不自振作，包庇贪污，赏罚不明，卒致有今日灾害颠覆”。他在期待和观察：他一生追求的“科学救国”的理想，还能在中国这片土地上实现吗？

早在1949年4月份的时候，就有朋友透露消息给竺可桢，说他被国民党当局列入一个“和平分子”的黑名单中。如果国民党拉不走竺可桢，就有可能劫持或是暗杀他。竺可桢很快接到了蒋经国的电话。

“竺校长，你好！我是蒋经国，父亲让我打电话来问候一下您！”

“蒋先生，您好！”

“为了国家的需要，我们将要迁往台湾，希望先生能带上家眷一起赴台，继续为党国效力啊！”

“蒋先生，多谢您的关心，我会考虑这个问题的！”

此时的竺可桢内心的斗争非常激烈，国民党这些年的政治腐败导致了他们最终的失败，跟他们去台湾又能有什么发展？听说共产党政治清明，一定能带来一个全新的中国。另外，自己的根不在台湾，而是在自己脚下的这片土地上，自己不能走！但如果还留在杭州，可能会有一定的危险，为了躲避国民党对他的迫害和强制迁往台湾的命令，他离开了自己操心十几年之久的浙江大学，潜居上海。

5 月 28 日，竺可桢一觉醒来，上海已经解放了，成了共产党的天下。竺可桢走到了街上，看到的不是混乱，而是有序的生活。在当天的日记中，竺可桢写下了他对共产党军队的好印象，他写道：

“解放军在路站岗，秩序极佳，绝不见欺侮老百姓之事。在研究院门前亦有岗位，院中同仁予以食物均不受。守门之站岗者倦则卧地，亦绝不扰人，纪律之佳诚难得也。”

就在整个国家都在欢庆之时，又一个噩耗传来，让竺可桢悲痛不已。3 年前，竺可桢的大女儿竺梅嫁人之后，就随着丈夫胡鸿慈生活。虽然见不到女儿，但是通过信件的来往，竺可桢知道女儿在解放区的生活不错，还添了一个儿子。为了让父亲开心，竺梅专门给儿子拍了照片，把照片寄给了父亲。看着外孙子的照片，竺可桢十分的开心，心想着有机会要去见见女儿和外孙。没想到这次上海解放之后，大女婿胡鸿慈突然来到了竺可桢家。

“鸿慈，你怎么来上海了？竺梅和孩子都挺好的吧？”

胡鸿慈听着岳父的问话，眼圈都红了，眼泪在眼眶里直打转。

“爸爸，我对不起你！”

“怎么了？是不是竺梅出事啦？”

“爸爸，竺梅得了气喘病，解放区那边的医疗条件差，没能扛过去。”

听到女儿去世的不幸消息，竺可桢站也站不稳了，他一下子歪倒在旁边的椅子上，心里就像是被人掏空了一样痛苦。悲泣的眼泪夺眶而出，止不住地流下来。自己要是知道梅梅去了解放区就再也回不来了，一定不放她走，就让她守在自己的身边，永远不离开。竺可桢一想起10年前自己失去了挚爱的妻子张侠魂和可爱的儿子，10年之后又失去心爱的女儿，心中就像撕裂一样疼。老天爷啊，你还要给竺可桢什么样的折磨呢？怀念女儿的心情难以平复，竺可桢在自己的日记中再三地提起梅梅的早逝，字字句句间都饱含着一位父亲的深情。然而，新中国刚刚成立，国家还处于百废待兴之中。个人的痛苦没有打倒竺可桢，他仍然一如既往地致力于研究工作和各项社会活动。

6月9日，中央研究院召开大会纪念建院21周年，陈毅市长特意赶来参加并讲了话。从陈毅市长的讲话中,竺可桢对中国共产党的政治主张有了全新的了解,看到了党对知识分子和科学事业寄予的厚望。

接着,竺可桢应邀参加了全国自然科学工作者代表会议筹备会。这次会议在北平召开,与会者济济一堂,都是全国科技界的精英。会议的目的是加强科学界的团结,更好地为新中国的建设服务,为广大人民谋福利,同时为成立统一的全国科学组织准备条件。在这次会议上,竺可桢看到了共产党人公而忘私,为祖国、为人民的奉献精神。会后,竺可桢又参加了赴东北的参观团,一路上的见闻,更使他信心倍增,从而决心在中国共产党的领导下,为新中国的科学事业奉献自己的力量。

1949 年 9 月,竺可桢作为教育界的代表参加了第一届中国人民政治协商会议。在会议的商讨过程中,他建议将发展自然科学的问题在《共同纲领》中专列一条,以强调自然科学的重要性,得到众人的赞同。正式通过的《共同纲领》在第四十三条中规定:"努力发展自然科学,以服务于工业、农业和国防的建设。奖励科学的发现和发明,普及科学知识。"

1949 年 10 月 1 日下午 3 时,中华人民共和国举行了盛大的开国大典，毛泽东主席站在庄严而雄伟的天安门城楼上宣告：中华人民共和国中央人民政府成立了。毛主席说："中国人民从此站起来了！"此刻，全中国的人民都在为祖国的新生而欢呼，竺可桢的内心更是心潮澎湃，百感交集。

建设中国科学院

新中国成立后，各项工作都进行得很快。新中国的领导人也特别重视自然科学事业的建设和发展。当时的国家领导人了解到竺可桢为人坦荡、作风严谨、主持正义，在教育界、科学界堪称德高望重，因此任命竺可桢为中国科学院副院长。一想到这是祖国的需要、人民的信任，年近花甲的竺可桢毫不犹豫地挑起了这副重担。

1949 年 10 月16 日，竺可桢正式担任中国科学院——全国科学事业的最高机关的副院长。在中国科学院工作期间，竺可桢因严谨的学风而深受广大学者推崇。他自幼秉性温和，做事非常勤勉，又有着常人难以想象的毅力和韧劲。竺可桢的这种精神和意志品质都体现在他的工作中。

在中国科学院成立的初期，学院自然科学方面的建设任务便落在了竺可桢肩上。周恩来等同志来中国科学院视察的时候，指示竺可桢等人在科学事业的发展方面应该注意三个方面的内容：一是理论和实际相结合，使科学能真正为工农大众服务；二是群策群力，用集体的力量来解决眼前最迫切和最重大的问题；三是大量培养能解决实际问题的科学人才。

为了不辜负新中国的领导人对中国科学院的期望，竺可桢对科学院的建设倾注了很多心血。他与学院的科学家们促膝长谈，真诚相待，同时又坚持原则、不徇私情，这种工作作风感动了不少人，也为科学院引来了不少科学精英。经过竺可桢的不懈努力，科学院里精英荟萃、人才辈出，为中国科学事业的发展奠定了坚实的基础。

除了进行人才建设，中国科学院还十分注重地方科研工作的开展和新学科研究机构的设立。为此，竺可桢兢兢业业，先后组织和领导了东北分院、西北分院、华南分院、中南分院、华东分院和新疆分院等六个分院。竺可桢不懈努力，为中国科学事业的发展做出了重要的贡献。

短短几年时间里，中国科学院取得了令人瞩目的成绩。经过全院工作人员齐心协力地奋斗与拼搏，1956 年初，中国科学院的研究机构由建院初期的 16 个增加到 44 个，科技人员从 219 人增加到 2496 人，为社会主义建设做出了巨大的贡献。这些成绩的取得与竺可桢的辛勤劳动是分不开的。面对新中国一片光明的前景，竺可桢兴奋不已，同时又感到自己肩上的担子分量不轻。他精神焕发、信心百倍，走向灿烂的未来。

竺可桢总是能将科学研究落实在自己的生活点滴中。在担任副院长的日子里，竺可桢很少坐车上下班，总是日复一日、月复一月地步行前往。这是为什么呢？因为竺可桢要利用上下班的时间观察周围的物候变化情况，以用于气象科学的研究。在一次次的步行中，竺可桢记录了桃花开放的日子、柳絮飘飞的日子、布谷鸟啼叫的日子……竺可桢不仅自己时时观察身边的自然科学现象，还发动自己的家人和邻居加入进来。他经常让妻子帮着留心燕子什么时候飞来家，也让孩子们帮着观察北海的冰什么时候初融，还让邻居留意迎春花是在哪一天开放的……经过 23 年的不懈努力，竺可桢通过细致的观察和分析，在 1972 年绘制成了一幅《北京春季物候现象变化曲线图》，为后来编制自然历法提供了科学的依据。

为了中国科学的进步，竺可桢还经常前往其他国家开展科学交流活动，为中国的科学界带回世界最新的研究成果。1953 年，竺可桢曾经应邀访问波兰，参加学术研讨会。在开会之余，竺可桢参观了波兰几所著名的大学。

这一天，竺可桢来到了克拉科夫大学，在那里，树立着一尊哥白尼的铜像。站在这尊铜像前，竺可桢感悟到作为一名科学家应该具备的求真精神。当竺可桢再度去访问波兰时，他又来到了克拉科夫大学，却发现铜像已经不在原来的位置，而是摆在了学校的大门口。他立即向学校领导询问原因。学校的领导告诉竺可桢，因为哥白尼铜像原来的位置比较偏僻，为了突出这位科学家的巨大贡献，学校决定将铜像改立在学校的大门口，让更多人认识这位科学家。得知这一消息的竺可桢也为哥白尼所受到的重视而感到欢欣不已。

新中国成立初期，我国遭受到西方国家的敌视，为了寻求经济技术援助和发展科学的经验，中国的科学家们大都需要向苏联学习。竺可桢虽然年轻时就掌握了英、法、德三种外语，但是对俄语，他却一点基础都没有。为了能够更好地开展科研活动，竺可桢十分重视向苏联的科学家学习，年过60的他又开始学习俄文，为此竺可桢专门聘请一位俄籍教师来教授俄文。学习俄文困难虽然很大，但是竺可桢没有退缩，而是一直坚持学习。到70岁的时候，他已经能流畅地阅读俄文资料了。竺可桢真是“活到老、学到老”这句俗语的践行者。

加入中国共产党

新中国成立后，以竺可桢为代表的很多学者和科学家都对加入中国共产党心存向往。1958 年 3 月，在中国科学院工作的四大科学家李四光、陶孟和、竺可桢、吴有训共同发表声明：力争转变成为工人阶级一员，申请加入共产党。

到了 6 月份，竺可桢又向郭沫若“交心”，递交了入党申请。几位科学家入党的决心很大，思想上也十分坚定，所以党组织也很快作出了回应。同年 6 月，中共中科院办公厅秘书处支部举行大会，接受竺可桢为中共预备党员。第二年年底，竺可桢被批准转为正式党员。为此，郭沫若还热情地创作了一首诗歌送给竺可桢，赞扬了竺可桢的精神：

“雪里送来炭火，炭红浑似熔钢。老当益壮高山仰，独立更生榜样。

四海东风驰荡，红旗三面辉煌。后来自古要居上，能不发奋图强？”

成为正式党员的竺可桢感觉到肩上的责任更加重大，他始终坚守着一个党员的神圣职责。他在自己的日记中写道：

“终于找到了自己的归宿。”

1974年年初，病危中的竺可桢叫来小女儿，让女儿将自己的最后一笔党费交给组织。原来从1966年开始，竺可桢便每个月把工资的三分之一存进银行，7年过去了，这笔存款已达到万元，这在当时可以说是一笔巨款。竺可桢嘱咐女儿将这些钱作为自己的党费交给党，表现出这位气象学大师对党和人民的无限热爱。

野外考察工作

从事气象科学研究，就要经常进行野外的观测活动。从年轻的时候开始，竺可桢就定期去野外开展科学研究。一直到他 70 岁了，还经常换上耐磨的网球鞋，带着温度表、罗盘、高度表和照相机，去野外观测。每到一个地方，竺可桢都会先拿出罗盘定方向，接着用高度表测海拔，然后再用温度表测气温，最后用照相机把眼前的景色照下来，作为科学研究的第一手资料。

竺可桢在中国科学院工作期间，走遍了中国的大江南北，考察了祖国的山山水水。1956 年，竺可桢领导并创建了中国科学院综合考察委员会，并一直兼任主任职务。他多次指出：要合理开发自然资源，发展国民经济，就必须进行大规模的综合考察工作。其任务首先是调查自然条件和自然资源的基本特征与数量、质量，并在此基础上提出自然资源的开发利用与治理保护的科学方案。

黄河是我们的母亲河，她哺育了中华民族灿烂的文明。然而，黄河泛滥造成的洪水灾害也一直给中国人民带来苦难。为了能够找到治理黄河的根本方法,竺可桢不远千里,带领科研人员沿河而上。站在荒凉的黄土高原上,竺可桢遥想中国5000年历史的兴衰变化和黄河变迁的历史。他不怕辛苦,起早贪黑地忙于考察工作。他还虚心向群众请教当地的气象状况,如一年四季的风向、雨水的多少、水土流失的状况。由于过度劳累和水土不服,竺可桢在这次的考察行动中病倒了,但他并没有离开,仍坚持考察访问直到最后。

除了寻找治理黄河的方法,竺可桢还对晋西北的水土保持工作进行了考察。在吕梁山,竺可桢遇见了两名有经验的农民,认真听取他们的经验。竺可桢发现,这里的农民主要栽种的作物是果树,而很少栽种其他农作物。因此,竺可桢对这两位农民提出建议:

"我们应该综合利用土地,不能只注重栽植果树而忽视其他农作物,应该农林牧水综合规划,才能全面发展。"

两位农民听了竺可桢的话之后,非常高兴,感到自己的生活大有奔头。经过实地考察,竺可桢认识到"黄土高原水土流失的根本问题是对于沟渠的改造利用问题"。

1957年,竺可桢开始对我国的热带地区开展考察工作。他的足迹遍布广东阳江、电白、信宜、茂名、化县、湛江等地,一直到达了海南岛。一路上,竺可桢不停地观察、记录。同时，他不忘自己有责任为沿途的人民服务，随时随地对生产中的问题提出意见和建议。当竺可桢看到当地的人民伐木烧炭、放火狩猎等破坏森林资源的一些错误行为时，他感到十分痛心。他耐心地告诉当地的农民不要只顾眼前的小利，而应在靠山吃山的同时养护山林、保护山林。

南方考察刚刚结束，竺可桢又踏上了北去的列车，奔赴黑龙江考察。在黑龙江，竺可桢考察了当地的水能、水利地质、矿产、农、林、牧、渔等自然资源、自然条件和经济状况。到了哈尔滨，竺可桢又从松花江顺流而下，经过佳木斯到达广阔无垠的三江平原。一路走过，竺可桢最后又渡江来到苏联的海兰泡。在苏联，竺可桢的科研团队受到了热烈欢迎。竺可桢穿梭在林海、草原、江河、沼泽间，生活非常艰苦，但是他毫不介意，反而是乐在其中。

通过测温度、记天气，观察地理、地质、土壤，拍照，竺可桢积累了大量的可靠资料。根据这些资料，他明确提出中国的亚热带的北界应该定在淮河、秦岭一线，南界在岭南，从台湾中部到雷州半岛。同时，他还以气温指标和考察得来的植物群落资料，纠正了苏联学者把辽宁、吉林全境和黑龙江、内蒙古一部分都划作亚热带的说法。

1958 年 8 月，竺可桢乘飞机飞往新疆考察。在大戈壁上，竺可桢挖掘到了盐和石膏，还有可用作化工原料的盐碱土。他们在克拉玛依考察了玛纳斯河流域，竺可桢还参观了维吾尔族的果园。看到人民安居乐业，心里十分快慰。竺可桢从心底赞叹：

“莫道春风不远渡，新疆是个好地方。”

在新疆的果园里，竺可桢碰到了一位 40 年前从天津来乌鲁木齐的果农，他告诉竺可桢：

“竺院长，40 年前的路真是不好走啊。我靠着两条腿，整整走了 129 天，才到达目的地。差一点把命给走丢了！”

竺可桢听了农民的话很受感动。他说：

“过去，新疆地处偏远，交通不便，劳动人民来新疆很困难。今天可就不一样了，可以坐飞机，几个小时就可以到达了。新疆是一块宝地啊，这里的水果又大又甜，这里的资源也非常丰富。”

竺可桢和他的研究小组经过考察后得出结论，新疆的各种矿产、野生植物、动物等资源都非常丰富，国家应该充分利用新疆的这一优势，实现这块土地的发展。

1958 年底，年近古稀的竺可桢又多次跑到沙漠，了解情况，指导工作。荒凉的腾格里沙漠和河套沙漠都留下了他考察的身影。通过对沙漠的研究，他在治沙计划会议上以《吹起号角来向沙漠进军》为题进行演讲，分析了世界沙漠化概况，回顾了各国人民与沙漠斗争的经验教训。

还有一次，竺可桢在内蒙古考察。看到一望无际的绿色草原，竺可桢不禁想起了北齐时代一首著名的民歌：

敕勒川，
阴山下，
天似穹庐，
笼盖四野。
天苍苍，
野茫茫，
风吹草低见牛羊。

竺可桢摘下脚边的一朵野花，眼光凝视着草原的尽头，深沉地对随行人员说：

“别看现在的草原这样广阔，似乎永远生机勃勃。实际上，草原是一种非常脆弱的生态系统，一旦破坏了这里的生态平衡，草原就有可能变成沙漠，永远不能回复，后果不堪设想啊！”

竺可桢 71 岁时，还参加了南水北调的考察队，登上了海拔 4000 多米的阿坝高原，下到险峻的雅砻江峡谷。考察队的队员们都对这位执著的科学家敬佩不已。通过考察，竺可桢经过深入思考提出了西路南水北调的方案:从雅砻江引水,穿过巴颜喀拉山口注入黄河。这一方案需建引水工程200公里,使黄河上游增水180亿立方米,可以有效地解决我国水利资源分布南多北少的问题。

在竺可桢的支持下,仅1956—1957年两年间,中国科学院就先后建立了6个综合考察队。它们是:黑龙江综合考察队,新疆综合考察队,华南与云南热带生物资源综合考察队,长江、黄河流域土壤调查队,柴达木盐湖科学考察队等。在竺可桢的领导下,中国科学院在25年的时间里,先后组织了规模不同的综合考察队,参加相关工作的达100多个单位、1万多人次。通过实地考察,中国科学界积累了大批珍贵资料,取得了丰硕的科研成果。

晚年后,竺可桢没有机会去野外考察,但他也没有放弃对自然现象的观察,他寓所周围的小天地就是他进行观测的最佳场所。在这里,竺可桢细心观察动植物的变化,甚至利用打扫院子的机会,精心地实测尘埃的单位面积重量。在竺可桢的日记里就有关于北京微尘大幅度增加的实测纪录:

“今日将扫地所得的灰尘用磅秤称之,得14两(1.54磅),估计约为400克,面积13.8米×16.8米=231.8平方米。由此求得每公顷可得170公斤,即6公顷地上,下1吨重微尘。”

通过细致的观察和精确的演算，竺可桢得出了由于生态环境变化，北京近几年来微尘大幅度增加的科学论断，为北京的生态环境研究提供了材料。竺可桢的一生始终坚持实事求是的科研精神，直到 75 岁的时候，他还抄录下宋代大诗人陆游的诗：

“古人学问无遗力，少壮工夫老始成。

纸上得来终觉浅，绝知此事要躬行”。

这种精神正是这位大科学家崇高的思想境界的体现，实在是太可贵了！

身遭迫害无怨悔

竺可桢的孩子们一直是竺可桢心中的牵挂。二儿子竺衡，在浙大西迁的途中因为身染痢疾离开了人世；大女儿竺梅于 1946 年随恋人奔赴解放区，后来却不幸染病在大连去世；大儿子竺津，新中国成立后在南京 14 中任教，在反右派的时候被定为了右派，还有反革命的嫌疑，因此被学校停职。这让竺可桢非常后悔，自己应该事先警告他，也许就能够避免后来的灾难。

竺津后来被下放在浦口的石佛寺农场劳动教养。在这里，竺津既受到政治上的歧视，又要进行强体力劳动，还染上了血吸虫病。竺可桢不能再袖手旁观了，多方求助，才让竺津回到家中休养。可是，三四个月后，竺津又被强令返回农场，于是病情加重，于 1961 年 1 月 20 日不治身死。

竺可桢在得到竺津去世的噩耗之后心情十分黯然。在竺可桢的一生当中，他一共养育了三个儿子和三个女儿。其中，妻子张侠魂和爱子竺衡因为痢疾死于抗日战争期间浙大迁徙的途中；1948 年，长女竺梅到解放区参加革命，又因为气喘病在大连逝世；现在，大儿子竺津又去了，白发人送黑发人难道不是人间最悲惨的事情吗？

虽然竺津被划为右派及至劳改、去世，是竺可桢心中最大的伤痛，但他一向不愿意同别人说起这件事情，只是在日记中写下了多首回忆儿子的诗歌，在《哭希文》这首诗里，竺可桢回忆了儿子悲惨的一生：

“忆汝十六气峥嵘，投笔从戎辞母行。杀敌未成违壮志，读书不遂负生平。失言自知咎应得，却毒无方腹疾婴。痛尔壮年竟早逝，使我垂老泪盈盈。”

这首诗的前四句说的是他的儿子年轻时的追求，后面四句则写了竺津获罪身亡的惨痛经历和一个父亲失去儿子的悲痛心情。在竺可桢的一生中，最悲伤的事情莫过于中年丧偶和儿女们的先后离去。

除了子女受到不公正的待遇，竺可桢自己在“文化大革命”中也受到了很大的冲击。从 1966 年 5 月开始的“文化大革命”，是一次大灾难，给中国的发展带来不可挽回的损失，科学技术受到摧残，知识分子成为了打击的对象。当时最普遍的一种斗争方式就是粘贴大字报，编造莫须有的罪名，冲突的双方都用毛主席语录相互攻击。

1957 年，竺可桢曾经把崔克信调到地质所任研究员，这件往事被好事者挖出来作为攻击竺可桢的证据，他们在大字报上批判竺可桢"保护牛鬼蛇神"，造反派还不断地闯入竺家，要他出来作证。竺可桢渐渐感到"文化大革命"对中国科学发展的伤害非常之大。

造反派们对竺可桢威逼利诱，总是想从他那里得到自认为有用的东西，用以攻击别人。但竺可桢总是说：

"我只能证明我亲眼看到的事情。"

造反派就威胁他：

"你这是顽固不化，站在走资派一边。你小心点！"

面对造反派的威逼利诱，竺可桢没有半点动摇，一直坚持着自己的信念。1968 年 2 月，中科院召开两条路线斗争座谈会，有人发言说自新中国成立以来一直有一条黑线统治着中国科学院，许多人迫于压力附和着这一说法。只有竺可桢不计个人利害，勇于坚持真理，他说：

"我认为科学院在两条路线的斗争中是以红线为主。科学技术进步之快前所未有。"

竺可桢的回答立即遭到了在场造反派的强烈反击，他们恶狠狠地辱骂竺可桢："你就是隐藏在中国科学院的间谍、奸细！打倒竺可桢！打倒反动权威竺可桢！"

为了进一步打击竺可桢，中国科学院的反动派还闯到了他的办公室里，命令他辞去保姆、退掉公务员，不许再过着“老爷般的办公方式”。从此以后，竺可桢每天到办公室都要带病先扫地、擦桌子，然后才能开始一些科研工作。

由于党中央、中央军委对一批科学家采取保护措施，竺可桢免遭了许多攻击，没有受到直接的暴力冲击。整个“文革”期间，他既没有受到正面的批判斗争，也没有遭到抄家之祸。从表面上看，他只是离开了工作，离开了大自然这座资源丰富的实验室，退回到家里。实际上，失去进行科研工作的空间就是对竺可桢最大的折磨。

为了顺应当时的社会潮流，减小被批斗的风险，竺可桢主动向组织提出了以下一些措施：

一是减缩工资的三分之一上交国家，只领原有工资的三分之二；

二是辞退家中雇用的保姆，同时组织上不再安排公务人员提供相关服务；

三是缩小住房面积，腾出儿子和保姆的房间；

四是家中的地毯、沙发、画饰等用品全部上交中科院有关部门；

五是改乘公共汽车到图书馆、情报所查阅资料；

六是把私人钢琴赠与科学院的芳嘉幼儿园。

经过这样的“改造”之后，到了“文革”后期，身患重病的竺可桢只拥有维持生命的最基本条件了。冬季的北方气温很低，而竺可桢家里的取暖设备只有蜂窝煤炉和煤油炉，寒冷的天气加重了他的肺病，1969 年 2 月，竺可桢因为肺炎住进了医院。在医院里，竺可桢整整住了 50 多天。自此，他的身体每况愈下，体质衰弱得很厉害，逐渐开始深居简出。有时，出于工作需要，他也会去三里河的中国科学院机关办公。他的办公室在二楼，为了爬到二楼的办公室，他中途都要休息两三分钟。即便是在这种身体状况下，竺可桢仍然关心我国科学事业的发展，坚持接待外宾，不断地联系着国内外科学家，了解世界上最前沿的科学发现。

竺可桢的妻子陈汲一直陪伴在他的身边，照顾他的身体。但是，陈汲的生活也免不了会受到影响。当时，她已经 60 多岁了，还要常常被街道办事处的同志赶到街上去跳忠字舞，或者去参加游行、批判走资派等一些革命活动。回到家后，陈汲从来不会向老伴竺可桢抱怨，从来不会说自己所受到的侮辱，而是体贴地为竺可桢准备饭菜。两个人就这样相互扶持着走过生活中的风风雨雨。

虽然竺可桢自己和家人都受到“文化大革命”的冲击，但他对那些遭受迫害的基层科技工作者，还是非常惦念。为了能够保护更多的科研工作者，他亲自写信给周总理，呼吁重视中国的科技发展。如果中国的知识分子都受到了迫害，那么科研工作的未来将是一片黑暗。

动乱年代里，人心涣散，很多人都为自己的命运担心，对国家的前途失去了信心。竺可桢却在给朋友的信中写道："我们应该以达观为怀，有生必有死，这是科学规律。我们生活在这一伟大的时代里，我们生逢其时，一生可以胜过古代千载，我们是多么幸福啊！"

同时，作为一名共产党员，竺可桢对社会主义制度和共产党的领导仍然满怀信心，对伟大的祖国仍然充满了热爱。虽然处于动乱的时代，但我国的人造卫星上了天，竺可桢从中看到了我国科技事业的迅速发展；虽然国力依然很贫弱，但是我国的国际影响力却逐步加强，恢复了在联合国里应有的席位。1971 年的春节，80 岁的竺可桢满怀豪情地在自己的日记中写道：

光阴似流水，逝者不停留。

新旧文替速，一日如三秋。

电弧代油烛，塑料顶锦绸。

腾云不足道，广寒可漫游。

昔称病夫国，今反帝已久。

工农秉国权，大家牧羊牛。

物富仓廪足，人勇大江泅。

我生仅八十，胜于大千周。

从这首诗里，我们可以看到一位忠诚的科学家，满怀着爱党、爱国、爱人民的浓厚感情，为国家的独立和科学技术的发展而骄傲自豪。

在“文化大革命”的动乱中，竺可桢坚持求实精神，坚定共产主义信念，主持正义，表现出一个共产党人和科学家的风范。面对生活中的种种不幸，竺可桢没有消沉失意，他依然保持着对生活的热情，不断追寻科学的真理，决心把自己的一切奉献给祖国的科学事业。

硕果累累

竺可桢的科学研究成果很多，在中国的气象学界具有广泛的影响，也得到了国家领导人的重视。1964 年，竺可桢写了一篇重要论文——《论我国气候的特点及其与粮食生产的关系》，论文中分析了光、温度、降雨对粮食生产的影响，提出了发展农业生产的许多设想。竺可桢在这篇文章中写道："气候既仍为目前粮食生产增减的一个重要因素，吾人急应分析气候如何影响粮食生产，并进一步探讨如何利用一个地方气候的有利因素。"毛主席看完这篇文章也非常认同，希望能和作者见见面，讨论一下农业生产的问题。

1964 年 2 月 6 日，竺可桢正在日记本上记录着当天的气象情况：

"气温，1 ~ 4.4 摄氏度；气压，七六四毫米；地上积雪，半寸；昨天立春，刚好下了一场春雪，还未融化。"

这时，家中的电话铃声响起，竺可桢接了电话。原来是毛主席打来的，他专门邀请竺可桢到中南海当面谈谈。下午，竺可桢坐着汽车，进入了中南海。在工作人员的引导下，竺可桢来到了毛主席的会客厅。毛主席面带微笑同竺可桢握手，请他坐下，亲切地对他说：

“竺院长，你的这篇文章写得好啊！农业生产中有八个字很重要，那就是土、肥、水、种、密、保、工、管。但是这八个字只管了地。你的文章管了天，弥补了这八个字的不足。”

毛主席的幽默感让竺可桢感到一种轻松的氛围，他也开玩笑地回答说：

“天有不测风云，不大好管呢！”

听到竺可桢的回答，毛泽东哈哈大笑，幽默地说：

“那我们两个人分工合作，就把天地都管起来了！”

接着，毛泽东又兴致勃勃地与竺可桢谈起太阳光怎样把水和二氧化碳合成碳水化合物的问题，说：

“光辛辛苦苦地工作，不充分利用它，真的太可惜了。你们也可以进行这方面的研究啊！”

“是，主席！我相信随着我们对自然界认识的深入，一定能够利用好这些自然赐予我们的礼物！”

谈话就要结束了，毛泽东还对竺可桢说：

“以后你要是还有什么著作，就送给我看看。”

第二天，竺可桢就写了一封信，并把《历史时代世界气候的波动》和《物候学》两本书送给了毛泽东，毛主席对这两本书的评价也非常高。

此后,竺可桢又从我国古代大量的史书、方志以及古人的日记、游记、诗词中寻觅古代气候的线索,写成了《中国近五千年来气候变迁的初步研究》一书。在这本书中,竺可桢系统地阐述了我国5000年来的温度变化情况:“在最初的两千年里,黄河流域的平均温度要比现代高出2摄氏度,冬季温度比现代高出3~5摄氏度。此外,在当时的气候条件下,黄河流域的温度与现代长江流域的温度相似。在其后三千年,我国的温度有着不同程度的冷暖波动的变化,每四百至八百年,平均温度的变化范围为1~2摄氏度。这期间,每个波动周期还可以分出五十年到一百年的小循环,温度变化范围大约为0.5~1摄氏度。这种气候波动并不是中国所独有的,整个世界范围内都存在这种情况。”

这部著作依据历史上气候的变迁情况,古为今用,对气候的长期预报起到了极大的作用,因而受到国内外学者的推崇。日本气候学家吉野正敏评价这本书说:“在气候学的历史中,竺可桢起了巨大的作用。经过半个世纪到今天,他所发表的论文,仍然走在世界的前面。”

英国《自然周刊》评价说:“竺可桢的论点是特别有说服力的,着重说明了气候变迁的途径。西方气候学者无疑将为获得这篇综合性研究文章感到很高兴。”

就连周恩来总理看到这本书之后也对书中的研究成果推崇有加。1973 年 5 月 27 日下午 5 时，周恩来总理在人民大会堂西大厅会见了美国科学家代表团，他邀请竺可桢陪同。周恩来对竺可桢说：

“你写的那本《中国五千年来气候变迁的初步研究》，我看到了。内容很好，对中国的气候变迁情况解析得清楚明白。下一步，你还可以对世界气候的变迁做些研究。”

“周总理，谢谢您对我们气象工作的支持，我会继续研究下去的！”

接见结束的时候，周恩来又对竺可桢说：

“现在离 21 世纪还有二十几年的时间，你还有 17 年才 100 岁，章士钊写书一直写到 92 岁，你还可以写出不少书来啊。”

听到周总理的这番话，竺可桢被深深地感动了，他向周恩来说：

“总理，我就是为了气象科学而生的。只要我活着，我就一定会继续写下去！”

除此之外，他的另一部著作《物候学》的出版也具有划时代的意义。在这本书修订的过程中，竺可桢曾因肺部疾病住进了医院，但即使在病中，他仍然以严谨的科学态度对待这本书。直到书的手稿送往出版社时，竺可桢才放下心来，就好像一位母亲看着自己新生的孩子，满怀着幸福的感情。这本书一出版，立即销售一空。香港《明报》上有一篇文章这样评价说："本书是历史文献结合科学观察的一部著作，把我国物候学带入了新的纪元。"

物候学是研究自然界的植物、动物和环境条件的周期变化之间相互关系的科学。物候学的研究有利于人们认识自然季节的变化规律，帮助农民顺应农时、进行农业生产。中国的物候学知识其实早已有之，比如一年中的二十四个节气，就是农民根据他们观察到的自然现象制定出的农业生产时间表。其中的很多节气都可以直接表示气候，如惊蛰、雨水、小满、小暑、大暑、白露、霜降、小雪、大雪，等等。这二十四节气虽然能帮助人们生产，但还是存在一些不足。一方面，这些节气基本上是黄河流域中部的情况，对于全国的物候情况并不完全适用；另一方面，这些节气的制定不细致，所定出的日期，也未必完全适用于农业生产。所以，竺可桢认为，必须开展全国性的物候观测，发展中国的物候学，作出合乎规律的农时预报。

物候观察，最重要的就是要持之以恒。竺可桢虽然工作繁忙，需要参加各方面的社会活动，还要处理大量的日常工作，然而，对于物候的观察已经成为竺可桢的一种习惯。春天，万物复苏，竺可桢忙着观察垂柳发芽，燕子归来；夏天，烈日炎炎，竺可桢听到了布谷鸟清脆的叫声；秋天，凉风习习，竺可桢踏着落叶，细数着天空中南去的大雁；冬天，飞雪飘零，竺可桢又冒着严寒测量冰层的厚度。正是竺可桢对花虫鸟树的细致观察，为《物候学》提供了大量翔实的资料。

除了对现实生活中的物候情况进行观察之外，在《物候学》这本书中，竺可桢还引用了现代科学的研究新成果，借鉴了中国古代典籍中的物候知识。竺可桢曾经引用过《礼记·二月同令》这篇古代典籍中的记载。因为古文生涩难懂，为了能让更多的读者接受这本书，竺可桢将这篇古典文献翻译成了文字优美顺畅的现代散文：

“这时太阳走出了二十八宿的奎宿，天气慢慢地和暖起来，每当晴朗天气，可以见到美丽的桃花盛放，听到悦耳的仓庚鸟歌唱。一旦有不测风云，也不一定会下雪而会下雨。到了春分节前后，昼和夜一样长，年年见到的老朋友燕子，也从南方回来了。燕子回来的那天，皇帝还得亲自到庙里进香，在冬天销声匿迹的雷电也重新振作起来；匿伏在土中、屋角的昆虫，也苏醒过来，向户外跑的跑，飞的飞了。

这时候，农民应该忙碌起来，把农具和房子修理好，国家不能多派差事给农民，免得妨碍农田的耕作。”

通俗的文字、优美的表达将两千多年前黄河流域初春时节的物候状况，完美地呈现在我们面前。在书中，竺可桢还经常引用一些民间歌谣，从而增强了书本的通俗性。他曾引用了华北一代的农民们咏唱的九九歌：

一九二九不出手，

三九四九冰上走，

五九六九沿河看柳，

七九河开，

八九雁来，

九九加一九，

耕牛遍地走。

这首歌谣中所说的“不出手，冰上走，沿河看柳，河开，雁来”等现象都是华北地区隆冬时节的物候现象。农民了解了这些现象的变化规律，将更有助于他们合理地安排农业生产。

《物候学》一书在 1963 年出版，但是竺可桢并没有将书的出版看作研究的结束。一直到 1973 年，竺可桢仍然每天坚持做着物候记录的工作。他的妻子陈汲很不解地问他：

“你的书都已经出版了,还要继续记录物候干什么?”

竺可桢笑着说:

“研究物候是我一辈子都在坚持的事情。你知道吗?日本从我国唐宪宗元和七年,也就是公元812年开始,就开始有樱花开花的记录,这项记录工作一直没有间断,到现在已经有1100多年了,这是世界上最长久的单项物候记录。而我国金华的吕祖谦,在南宋时代就已经有20多项物候记录了。所以《物候学》这本书是永远写不完的!”

正是由于这个原因,一直到晚年,竺可桢还将《一年中生物物候推移的原动力》这篇文章,加入到了《物候学》这本书中。《物候学》是竺可桢完成的最后一部著作,它虽然是一本科普读物,却倾注了竺可桢大量的心血,这是他几十年来对物候观测的科学总结。

用生命写就的日记

除了进行各种专著的写作之外，记日记也是竺可桢一生不变的坚持。从1917年在哈佛大学读书时开始，到1974年竺可桢去世，竺可桢的日记没有一天间断过。这些日记页页蝇头小楷，一丝不苟，共计有800多万字，其中又主要记录了气象研究的各种资料，令人叹为观止，具有很高的科研价值，被公认为"一部我国珍贵的近现代史料"。在他生命的最后一段时光里，我们仍然能看到这位气象学家忍受着病痛的折磨，在日记本里留下一系列珍贵的记录：

"六月十一日：布谷鸟往年五月底就可以在北京城内叫，而今年直至今日未曾听到。可能是空气、土壤污染，使大批候鸟死亡之故。

六月二十三日：吴世昌来信提到关于渤海完全结冰的一次记录，是我所不知道的。这个记录在《资治通鉴》卷95，晋成帝咸康二年（公元336年）。以后修改论文，一定用上此材料。

……

七月十二日：审阅《中国近五千年来气候变迁的初步研究》中译英文稿。

……

十二月三十一日：苏联气候界又在宣传地球变冷的消息，说列宁格勒（今圣彼得堡）近些年来比一九四〇年左右低摄氏一度。我在《中国近五千年来气候变迁的初步研究》中已指出，这类摄氏一度上下的变化，过去五千年中极为普遍，算不了地球变冷的证据。

……

二月六日：气候、局报，最高零下1℃，最低零下7℃，东风一至二级，晴转多云。”

1974年2月6日，临终前一天，竺可桢在病床上还忘不了记录当天的气象情况，他用颤抖的手写下了这则日记。因为此时他已不能到室外亲自观测温度了，所以这条记录是依照气象局的报告记录的，竺可桢还特别注上“局报”两个字。直到生命的最后一刻，竺可桢也没有忘记自己的科学事业。

回顾竺可桢的一生，记科学日记一直是他一生不变的坚持。由于战乱，竺可桢的笔记本只保存了1936年到1974年2月6日的日记，共计38年37天，其间竟然一天未断！竺可桢的执著精神，真的让人感动、敬仰！

1974年2月7日凌晨4时35分，当人们还沉醉在梦乡的时候，竺可桢这位杰出的科学家溘然离世。“春蚕到死丝方尽，蜡炬成灰泪始干。”竺可桢走完了他艰辛、忙碌的一生，永远地安息了。

竺可桢虽然故去，但他却为中国留下了丰富的物质和精神遗产。浙江上虞县东关镇建有“竺可桢故居陈列馆”，浙江绍兴市气象局在国家气象局的支持下建设了“竺可桢纪念馆”，江苏省气象局在南京北极阁——中央研究院气象研究所旧址设立了“藕舫堂”。中国科学院设立了“竺可桢野外科学工作奖”，浙江大学设有“竺可桢奖学金”和“竺可桢教书育人奖”。浙江大学、南京大学校园中和中国科学院917大楼前竖立着竺可桢的铜像。中国人民邮政发行了包括竺可桢在内的当代中国科学家纪念邮票。学术界同仁发起成立了“竺可桢研究会”。多年以来，由个人在各种学术刊物和报纸杂志上发表的纪念和回忆文章，就更加举不胜举了。

回顾竺可桢的一生，在他84年的生命历程中，从1915年参加中国科学社起一直到1974年病逝，他为祖国的科学、教育事业工作了将近60年。作为一名杰出的自然科学家，竺可桢品德高尚，大公无私，严于律己，宽以待人；他工作深入，认真细致，鞠躬尽瘁，艰苦奋斗；他治学严谨，精益求精，持之以恒，实事求是；他关心青年，奖掖后进，待人诚恳，平易近人；他坚持原则，追求真理，不畏困难，刚直不阿。他不仅在创建中国近代地理学和气象气候学方面做出了卓越贡献，他追求真理、公而忘私的精神，他的治学态度和工作态度，都为当代的中国人树立了光辉的榜样！